W0066504

Miyamoto Musashi

Fünf Ringe

FÜR DIE LIEBE
ANKE,
IMMER FLEISSIG
ÜBEN!
S.

MIYAMOTO MUSASHI

FÜNF RINGE

Die Kunst des
Samurai-Schwertweges

Aus dem Japanischen
übersetzt und kommentiert von
Siegfried Schaarschmidt

Droemer

Dieses Buch wurde auf chlor- und säurefreiem Papier gedruckt.

Vollständige Ausgabe März 1998
Copyright ©1994 für die deutschsprachige Ausgabe by
Droemersche Verlagsanstalt Th. Knaur Nachf., München
Das Werk einschließlich aller seiner Teile ist urheberrechtlich geschützt.
Jede Verwertung außerhalb der engen Grenzen des Urheberrechtsgesetzes
ist ohne Zustimmung des Verlages unzulässig und strafbar.
Das gilt insbesondere für Vervielfältigungen, Übersetzungen,
Mikroverfilmungen und die Einspeicherung und Verarbeitung in
elektronischen Systemen.
Titel der japanischen Originalausgabe: »Gorin-no-sho« (1645)
Einbandgestaltung: Agentur ZERO, München
Satz: Ventura Publisher im Verlag
Druck und Bindung: Franz Spiegel Buch GmbH, Ulm
Printed in Germany
ISBN 3-426-27083-8

2   4   5   3   1

INHALT

Hinweis:
Bei den japanischen Eigennamen steht
(nach der in Japan üblichen Form)
der Nachname vor dem Vornamen.

VORWORT
DES ÜBERSETZERS

Die »Fünf Ringe« (japanisch »Gorin-no-sho«) bestehen aus dem »Buch Erde«, dem »Buch Wasser«, dem »Buch Feuer«, dem »Buch Wind« und dem »Buch Leere«; sie sind gleichsam das Testament, mit dem der große japanische Schwertmeister Miyamoto Musashi (1584–1645) seinen Schülern die Prinzipien der von ihm begründeten »Zwei-Himmel-« bzw. »Zwei-Schwerter-Schule« weitervermittelte: ein Handbuch seiner Fechtkunst. Sieben Tage vor seinem Tod übergab er die von ihm selbst angefertigte Niederschrift seinem Lieblingsschüler Terao Magonojô, einem damals 33jährigen Samurai im Dienste des in Kumamoto auf der südlichen Insel Kyûshû residierenden Hosokawa-Clans, bei dem er, Musashi, seit 1640 zu Gast war.

Die Welt der Samurai, der Schwertschulen, versank im Laufe der Modernisierung des Landes nach der Mitte des 19. Jahrhunderts; es überlebte, mit wechselndem Schicksal, bis heute die sportliche Variante des Stockfechtens unter der japanischen Bezeichnung Kendô, was ursprünglich jedes Fechten mit einer Hiebwaffe bedeutete. Für die inzwischen weltweit aktiven Kendô-Sportler gehören die »Fünf Ringe« zu den klassischen Texten. Auf ein ebenso großes Interesse stoßen sie bei denjenigen im westlichen Ausland, die sich daraus gewisse Eigenheiten japanischer Mentalität zu erklären versuchen. In beiden Fällen ist die Gefahr der Mißverständnisse groß. Miyamoto Musashi lehrt Techniken, den Gegner zu erschlagen; dessen Tod wird nicht nur in Kauf genommen, sondern es wird unverdeckt auf ihn abgezielt. Miyamoto Musashis »Weg des Kriegers« meint keinen sterbebereiten Opfergang; es geht zwar (auch) um »Ehre und Ansehen für sich selbst wie für seinen Herrn«, vor allem aber um Geradheit und unverfälschtes Herz sowie um Anwendung des Eingeübten »in jeder Situation zur praktischen Hilfe«. Mit dem »Weg des Sterbens«, so formuliert er, habe ein jeder zu tun: wie die Samurai so »auch die Priester, auch die Frauen, die Bauern und die darunter ... Da ist kein Unterschied.« Miyamoto Musashis »Fünf Ringe« haben – mit anderen Worten – eine Zeit zum Hintergrund, in der wie in der »Zeit der streitenden Provinzen« vom Ende des 15. bis zum Ende des 16. Jahrhunderts der Tod buchstäblich jedermanns Gevatter war.

Der Leser sollte dies bedenken. Das Bild des Kriegers nach den Regeln des »Bushidô« entstand in seiner vielfach bewunderten Reinheit erst der nun folgenden friedlichen Epoche; Musashi hingegen – in der radikalen Unbedingtheit seiner Haltung, die ihn zum Schluß zu einem »Weisen des Schwertes« machte – war noch ein Produkt nach keinem Vorbild, lebte ganz aus sich selbst. Er achte, gesteht er, Buddha und die Götter, wolle sie aber »nicht in Anspruch« nehmen. Wenn Miyamoto Musashi für die heutigen Japaner, gleich welchen Berufes und welcher Stellung, bedeutend ist und seine Schrift der »Fünf Ringe« über das Kendô-Fechten hinaus Lehrbuchfunktion hat, dann in dem Sinne, daß sie daraus Kraft schöpfen, sich als Individuum durchzusetzen.

Die moderne wissenschaftliche und publizistische Befassung mit den »Fünf Ringen« begann in den Jahren kurz vor der letzten Jahrhundertwende. Die heutigen Textausgaben beruhen auf einer im Archiv der Familie Hosakawa befindlichen Abschrift. Unsere deutsche Fassung stützt sich im wesentlichen auf die von Watanabe Ichirô edierte und kommentierte Ausgabe »Miyamoto Musashi – Gorin-no-sho« (Tôkyô 1992[17]); gelegentlich wurde auch die von Kamiko Tadashi besorgte Ausgabe gleichen Titels (Tôkyô 1981[40]) befragt, die zusätzlich eine Übertragung ins moderne Japanisch enthält. Die Bemühungen gingen jedoch dahin, dem Original des 17. Jahrhunderts so nahe wie möglich zu kommen; denn erst dann werden Kraft und Schönheit der Diktion des großen Schwertmeisters deutlich.

Mein Dank gilt dem Herausgeber Gerhard Riemann für seine Geduld angesichts des nur langsamen Fortgangs der schwierigen Übersetzungsarbeit.

Siegfried Schaarschmidt

DIE VORREDE

Worin Miyamoto Musashi
seine Lebensumstände und Erfahrungen
bis zu dem Tag berichtet,
an dem er den Pinsel zur Hand nimmt,
um das Buch der fünf Ringe
niederzuschreiben.

Nachdem ich meinen als Niten-ichiryû[1] bezeichneten Weg der Schwertkunst über viele Jahre vervollkommnet habe, gedenke ich hier zum erstenmal schriftlich davon Kenntnis zu geben. Wir befinden uns am Anfang des Zehnten Monats im Jahre Kan'ei 20,[2] ich habe auf Kyûshû im Lande Higo den Berg Iwato erklommen, habe dem Himmel gehuldigt, zum Kannon Bosatsu[3] gebetet und mich vor Buddha verneigt – ich, ein aus dem Lande Harima gebürtiger Krieger mit Namen Shimmen Musashi-no-kami, Fujiwara no Genshin, der ich sechzig Jahre zähle.[4]

Seit frühester Jugend stand mir der Sinn nach dem Weg der Kampfkunst; so hatte ich mit dreizehn mein erstes Treffen. Gegner war der geübte Fechter Arima Kihei aus der Shintô-Schule, ich besiegte ihn. Mit sechzehn besiegte ich einen gewissen Akiyama aus dem Lande Tajima, einen Fechter von gewaltigen Körperkräften. Mit einundzwanzig ging ich in die Hauptstadt; dort traf ich auf Krieger aus dem ganzen Reich, und vielmals kam es zu Kämpfen mit ihnen, doch da war keiner, den ich nicht bezwungen hätte.

Danach zog ich von Land zu Land, von Ort zu Ort, begegnete Fechtern aus allen Schulen, und obwohl ich mich in über sechzig Kämpfen schlug, wurde ich nicht ein einziges Mal um den Sieg

---

1 »Zwei-Himmel-Schule«, auch »Nitô-ichiryû« (»Zwei-Schwerter-Schule«); s. Kommentarteil (»Schulen«).
2 1643.
3 Sanskr. Avalokiteshvara Bodhisattva, »zukünftiger Buddha«, der die Erleuchtung nicht für sich, sondern mitleidend auch für andere sucht.
4 S. hierzu S. 139 (Essay im Anhang).

gebracht. Das geschah zwischen meinem dreizehnten und achtundzwanzigsten, neunundzwanzigsten Jahr.

Als ich jedoch die Dreißig überschritten hatte und zurückblickte, da begriff ich, daß ich nicht aus Vollkommenheit meiner Schwertkunst gesiegt, vielmehr hatte das seine Ursache darin gehabt, daß ich entweder von Natur aus für den Schwertweg eine Begabung besaß oder daß dies der Wille des Himmels war; möglich auch, daß die Kampfarten der anderen Schulen nichts taugten. Also versuchte ich, die tiefere Wahrheit zu erlangen; ich begann, von früh bis spät zu üben, und endlich, ich hatte die Fünfzig erreicht, erkannte ich den wahren Weg der Schwertkunst.

Seither verbringe ich meine Tage, ohne daß ich mich um den Weg besonders bemühen müßte. Indem ich mich dem Gesetz des Schwertwegs ergebe, bedarf ich, zu welchen Künsten, welchen Fertigkeiten auch immer, keines Lehrmeisters, vermag ich das alles aus mir; und wenn ich mich jetzt daransetze, dieses Buch abzufassen, so stütze ich mich dabei weder auf die alten Schriften der Buddhisten oder Konfuzianer, noch benutze ich die klassischen Kriegschroniken oder -strategien dafür, vielmehr will ich, den Himmel und Kannon Bosatsu zum Zeugen, den wahren Sinn meiner Niten-ichiryû-Taktik zu erklären versuchen.

In der Nacht zum zehnten Tag des Zehnten Monats in der Stunde des Tigers, erstes Fünftel,[5] nehme ich den Schreibpinsel zur Hand.

---

5 Gegen Morgen kurz nach vier Uhr.

DAS BUCH
ERDE

Worin Miyamoto Musashi die Fundamente
seiner eigenen Schwertkunst erläutert
sowie ihre Ziele für den einzelnen
wie im gesellschaftlichen Zusammenhang
beschreibt.

Eigentlich ist, was man die Kampfkunst heißt, das Gesetz der Krieger. Die Anführer zumal haben sich an dieses Gesetz zu halten, aber auch die einfachen Männer sollten es beherrschen. Nur gibt es heutzutage keinen Samurai, der den Weg der Kampfkunst bis auf den Grund verstanden hätte.

Unter den allseits bekannten Wegen findet sich der Weg, durch die Lehre Buddhas die Menschen zu erretten, andere befolgen den konfuzianischen Weg der Gelehrsamkeit, für den Arzt gilt der Weg, die Krankheiten zu heilen, der Poet wiederum lehrt den Weg des Waka-Gedichts,[6] oder es ist einer ein Freund des Tees oder des Bogenschießens; ja, welche Kunst, welche Fertigkeit auch immer, eine jede wird eifrig geübt, zu einer jeden fühlen sich Menschen von Herzen hingezogen. Wenige indessen sind dem Weg der Kampfkunst zugeneigt.

Beim Samurai, und das ist wichtig, spricht man vom doppelten Weg des Pinsels und des Schwerts;[7] die Regel lautet, daß man sich in beiden Künsten übt. Es mag einer dazu noch so ungeschickt sein, als Samurai muß er, im Maße seiner Kräfte, den einen wie den anderen Teil dieses Weges mit Inbrunst betreiben.

Nach dem allgemeinen Begriff ist der Samurai innerlich ständig auf den Tod gefaßt. Nun hat freilich, was den Weg des Sterbens betrifft, nicht allein der Samurai damit zu tun; auch die Priester,

---

6 Lyrische Kurzform, fünfzeilig im Silbenrhythmus 5-7-5-7-7-; seit dem 7. Jahrhundert gebräuchliche Bezeichnung für das »japanische Gedicht« (im Gegensatz zum »chinesischen«).

7 Jap. »Bumbu-nidô«, wörtlich: »die zwei Wege Literatur (Gelehrsamkeit) und Kriegskunst«; s. Kommentarteil (»Wege«).

auch die Frauen, die Bauern und die darunter, sie alle sind, sei's aus Verpflichtung, sei's aus Scham, zum Sterben bereit. Da ist kein Unterschied. Der Weg des Samurai, der Schwertweg aber, indem er darin seinen Ursprung hat, daß man und mit welchen Mitteln andere überwindet, ob durch den Sieg im Zweikampf oder in der Schlacht mit vielen, zielt darauf ab, Ehre und Ansehen für sich selbst wie für seinen Herrn zu erringen. Möglich wird dies durch die Prinzipien der Kampfkunst.

Im übrigen scheinen die Leute der Ansicht zu sein, auch wenn man den Schwertweg erlerne, werde er im Ernstfall doch kaum zu etwas taugen. Hierzu ist zu sagen: Gerade damit er allzeit zum praktischen Nutzen gereiche, muß man ihn einüben, gerade damit er in jeder Situation zur praktischen Hilfe werde, muß man ihn lehren. Darin liegt das Wesen der Kampfkunst.

| Was der Weg der Kampfkunst bedeutet |

Im Reich der Han[8] wie in unserem Reiche ist es die Überlieferung, diejenigen, die diesen Weg beschreiten, als Schwertmeister zu bezeichnen. Wie also sollte sich der Samurai in dieser Kunst nicht üben?

In neuerer Zeit schlagen sich manche als angebliche Schwertmeister durchs Leben, aber sie sind bloße Fechter. Shintô-Priester der Kashima- und Katori-Schreine im Lande Hitachi[9] gründen, als damit von den himmlischen Göttern begabt, eine Fechtschule nach der anderen und ziehen so durch alle Lande, um die Männer darin zu unterrichten. Das ist, wie die Dinge heutzutage stehen. Seit alters den Zehn Fertigkeiten, den Sieben Künsten zugerechnet, und zwar als eine der nutzbringenden, gilt der Schwertweg gleichwohl eher als eine Kunst, ist er mehr als nur nutzbringend und jedenfalls nicht beschränkt auf die bloße Fechttechnik. Solange man sich auf den Nutzen der Fechttechnik beruft, wird man den Wert der Fechttechnik selbst nicht erkennen. Aber natürlich kann sie sich mit dem wahren Schwertweg nicht messen.

In dieser Welt macht man die Künste zu einer verkäuflichen Ware, ist man bereit, die eigene Person zu verkaufen; auch mit dem Gerät gedenkt man Handel zu treiben. Man trennt Blüte und Frucht und

---

8 D. i. China.
9 Alte Provinz nordöstl. Tôkyôs, heute Präf. Ibaraki; beide Shintô-Schreine stehen in Verbindung mit den frühen-Kendô-Schulen; s. Kommentarteil (»Schulen«).

liebt nicht so sehr die Frucht als vielmehr die Blüte. Insbesondere schmückt man einen solchen Schwertweg mit einem Übermaß an Farben, läßt Blumen an ihm erblühen, protzt mit wer weiß was für Technik, mit diesem, mit jenem »Dôjô«,[10] mit diesem Weg, den man lehrt, mit jenem Weg, den man erlernt, und hat doch nichts als Vorteil und Gewinn im Sinn. Jemand hat einmal gesagt: »Eine unreife Kampfkunst ist die Ursache schwerer Wunden.«[11] Und das trifft zu.

Daß der Mensch in der Welt lebe, dafür gibt es im ganzen vier Wege: des Samurai, des Bauern, des Handwerkers und des Kaufmanns.

Da ist zum ersten der Weg des Bauern. Ausgerüstet mit dem verschiedenen landwirtschaftlichen Gerät, verbringt er, den Wechsel der vier Jahreszeiten sorgsam beachtend, immer geschäftig sein Leben. Soweit der Weg des Bauern.

Da ist zum zweiten der Weg des Kaufmanns. Derjenige zum Beispiel, der Sake herstellt, beschafft sich die nötigen Zutaten, und indem er daraus einen mehr oder weniger großen Gewinn erzielt, führt er ein entsprechendes Leben. In allen Fällen geht es darum, aus erworbenem Vorteil seinen Unterhalt zu bestreiten. Soweit der Weg des Kaufmanns.

Da ist zum dritten der Weg des Samurai. Für ihn, den Krieger, gilt,

---

10 »Ort des Weges«, Versammlungsplatz; im engeren Sinne: Übungsraum einer Fechtschule (»Fecht-Akademie«).
11 Zitat aus einem Volksbuch, dem »Shimizu-monogatari«, spätes 16. Jh. (Verfasser unbekannt).

daß er die den jeweiligen Zwecken angemessenen Waffen bereithält; vor allem muß er bestrebt sein, sich im geschmeidigen Umgang mit den Waffen zu vervollkommnen. Dies sollte der Weg des Samurai sein. Aber sie üben ja nicht, sie wissen ja nicht, welchen Nutzen diese oder jene Waffe hat; wirklich sind manche aus den Kriegerfamilien recht nachlässig darin.

Schließlich ist da zum vierten der Weg des Handwerkers. Der Weg des Zimmermanns zum Beispiel beruht auf der geschickten Anwendung des verschiedenen Geräts; er erlernt den besten Gebrauch eines jeden Werkzeugs, mit Zollstock und geschwärztem Faden macht er die Vorzeichnung und arbeitet unermüdlich, so erwirbt er sich seinen Lebensunterhalt.

Dies sind die vier Wege des Samurai, des Bauern, des Handwerkers und des Kaufmanns.

Die Kampfkunst läßt sich an dem Weg des Zimmermanns veranschaulichen; insofern nämlich, als der Samurai dem Zimmermann darin ähnelt, daß er es mit Häusern zu tun hat. Mit Hofadelshäusern, mit Schwertadelshäusern, mit den Vier Häusern,[12] und wie solche Häuser zusammenbrechen, wie sie fortdauern, Häuser dieses Ranges und Häuser jener Art, Häuser auch sie, Gleichnisse für die Häuser, die der Zimmermann baut.

Der Zimmermann ist im wörtlichen Sinne der »große Handwerker«,[13] seine Tätigkeit fußt auf der umfassenden Planung, und da

---

12 Vermutl. die über Jahrhunderte politisch einflußreichen Familien Minamoto, Taira, Fujiwara und Tachibana.
13 Jap. »Daiku«, aus den beiden Schriftzeichen für »groß« (dai) und »Handwerker« (ku).

dies auch für die Schwertkunst gilt, kann uns der Zimmermann hier als ein Beispiel dienen. Wer also den Weg des Kriegers erlernen will, studiere die vorliegende Schrift mit Eifer; der Lehrer die Nadel, der Schüler aber der Faden – so ist ein ununterbrochenes Üben vonnöten.

| General und Zimmermann, ein Vergleich |

Der General ist gleichsam wie der Zimmermeister. Er kennt den Zollstock des Reiches, er hält sich an den Zollstock seines Landes, er urteilt nach dem Zollstock seines Hauses; es ist dies der Weg des Anführers. Der Zimmermeister weiß von Hallen, Pagoden und Tempeln die Maße, er entwirft Paläste, Türme und Pavillons, er beschäftigt Leute, um die Gebäude zu errichten. Es ist dieselbe Anführerschaft: hier über die Zimmerleute, da über die Krieger.

Beim Bau eines Hauses wird nach der Methode der »Holz-Verteilung« verfahren. Gerade gewachsene, astfreie, elegant wirkende Hölzer verwendet man für die vorderen Pfeiler, ein wenig ästige, sonst aber gerade und kräftige Hölzer für die hinteren Pfeiler; ein wenig schwächere, astfreie Hölzer von gutem Aussehen werden bei Unter- und Oberschwellen, bei Schiebetüren und -läden benutzt, astreiche, krumme, dabei kräftige Hölzer überall an den wichtigen Stellen im Haus, nach gründlicher Prüfung, versteht sich, so daß das Gebäude lange überdauert. Unter den restlichen Hölzern die astreichen, krummen und schwachen eignen sich doch immerhin für die Gerüste, später kann man sie zu Brennholz machen.

Der Zimmermeister als der Anführer setzt die Zimmerleute ein; er kennt eines jeden Fähigkeiten, also beauftragt er die einzelnen mit der Tokonoma[14] oder mit den Schiebetüren und -läden, mit den Ober- und Unterschwellen oder mit den Zimmerdecken, läßt die weniger Geschickten die Dielen legen und die noch Ungeschickteren die Keile schnitzen, und je besser er die Leute verteilt, desto mehr leisten sie und desto erfolgreicher sind sie.

Ungeachtet aller Leistung und allen Erfolgs darf man ihnen nicht das geringste durchgehen lassen, muß ihre Möglichkeiten, ihre Bereitschaft kennen, sie anspornen und doch wissen, wo ihre Grenzen liegen. Auch dies hat der Anführer zu bedenken, und es gilt das für den Weg der Schwertkunst gleichermaßen.

| Der Weg der Kampfkunst |

Der einfache Samurai gleicht dem Zimmermann. Dieser schärft seine Werkzeuge mit eigener Hand; so hält er allerlei Gerät bereit, das er in seinem Zimmermannskasten bei sich trägt, und nach dem Auftrag seines Anführers haut er Pfeiler und Balken mit der Krummaxt zurecht, glättet mit dem Hobel den Boden und die Regale, fertigt er durchbrochene und Reliefschnitzereien, paßt die Dinge ein und handelt sorgfältig in allem. Das ist der Weg des

14 Schmucknische, meist im Empfangszimmer.

Zimmermanns. Hat er durch stete Tätigkeit die Zimmermannsarbeit beherrschen gelernt und versteht auch mit Zollstock und geschwärztem Faden umzugehen, kann er später Anführer werden. Für den Zimmermann ist es wichtig, daß er stets gut schneidende Werkzeuge besitzt und daß er sie schärft, sooft er Zeit dazu findet. Muß er doch mit seinen Werkzeugen Geschick auch an kleinen Schränken, Bücherborden, Tischen, ja selbst an Tragelaternen, Hackbrettern und Topfdeckeln erweisen. Ganz ähnlich verhält es sich mit dem einfachen Samurai.

Des weiteren hat der Zimmermann alle Aufmerksamkeit darauf zu verwenden, daß ihm bei seiner Arbeit nichts schief gerät, daß die Verzapfungen richtig sitzen, daß gut gehobelt und nicht übertrieben poliert, aber dafür gesorgt ist, daß sich später nichts verzieht. Wer den Weg des Schwertkampfs erlernen will, der möge, was in diesem Buch geschrieben ist, Satz für Satz bedenken und studieren.

Die Gliederung dieser fünf Bücher der Lehre von der Kampfkunst

Um die Schwertkunst in ihren einzelnen Grundsätzen zu verdeutlichen, wird sie – nach fünf Wegen unterteilt – in den fünf Büchern »Erde«, »Wasser«, »Feuer«, »Wind« und »Leere« abgehandelt.[15]
Im »Buch Erde« geht es um den Weg der Kampfkunst im allgemeinen. In ihm erläutere ich Wesentliches an meiner eigenen Schwert-

15 S. Kommentarteil (»Wege«).

kunst. Durch bloßes Fechten ist der wahre Weg nicht zu erreichen. Es gilt, vom Großen her das Kleine zu begreifen, vom Flachen aus ins Tiefe voranzuschreiten. Weil so die Fundamente für den geraden Weg gelegt werden, nenne ich den Anfang das »Buch Erde«.

Das zweite ist das »Buch Wasser«. Dabei steht Wasser als Beispiel: Das Herz, die innere Haltung sei wie das Wasser. Das Wasser nimmt die Form des Gefäßes an, bald ist es ein einzelner Tropfen, bald ist es das weite Meer. Es hat die Bläue der Tiefe, es hat klare Stellen, und insofern läßt sich mit ihm im »Buch Wasser« die Schwertkunst meiner Schule beschreiben.

Hat man sich erst einmal die Regeln der Fechtkunst so sicher angeeignet, daß man einen einzelnen Gegner leicht besiegt, wird man, heißt es, alle in der Welt besiegen. Ob ein Gegner oder tausendmal zehntausend Gegner, das bleibt sich gleich.

Der Anführer kommt vom Kleinen auf das Große, nach einem Modell von nur einem Fuß Höhe errichtet man den Daibutsu;[16] da ist kein Unterschied. Es genau zu erklären ist schwer. An einem Ding sind ihrer zehntausend zu erkennen, lautet das Prinzip der Kampfkunst. Über diese meine Lehre schreibe ich im »Buch Wasser«.

Das dritte ist das »Buch Feuer«. Hier behandle ich den Kampf als solchen. Das Feuer, bald größer, bald kleiner, birgt eine ungeheure, jähe Gewalt; insofern ist in ihm der Kampf veranschaulicht. Ob einzeln Mann gegen Mann oder zehntausend gegen zehntausend wie in der Schlacht, der Weg des Kampfes ist gleich. Immer heißt

---

16 Jap. »Großer Buddha«; Monumentalplastik. Der Bronze-Daibutsu im Tôdaiji-Tempel in Nara (8. Jh.) z. B. hat eine Höhe von 15,9 Metern.

es umsichtig sein, einmal aufs Große, einmal aufs Kleine bedacht. Das Große ist leicht zu erkennen, aber schwer das Kleine. Der Grund dafür liegt darin, daß eine große Menge Menschen ihre Haltung nicht plötzlich und unvermerkt zu ändern vermag; der einzelne hingegen, ganz auf sich gestellt, wechselt sie im Augenblick, und das ist es, warum das Kleine zu erkennen so schwerfällt. Was man stets bedenken sollte.

In diesem »Buch Feuer« werden, weil es um Augenblicke geht, als die wichtigsten Voraussetzungen für den Schwertkampf genannt: die täglichen Übungen, die Sicherheit der Gewöhnung, die durch nichts zu verwirrende innere Haltung. Unter solchen Gesichtspunkten beschreibe ich im »Buch Feuer« den Kampf, die Schlacht. Das vierte ist das »Buch Wind«. In diesem Buch befasse ich mich nicht mit meiner eigenen, sondern mit den anderen Kampfkunstlehren, mit den verschiedenen Schulen in der Welt. Was den Begriff »Wind« betrifft, so versteht man darunter die alten und die neuen Strömungen, die in diesem oder jenem Haus vorherrschenden Strömungen; kurzum, es sind damit Stil und Art der Kampfkunst gemeint, wie sie in den übrigen bekannten Schulen gelehrt wird. Wenn man den anderen nicht wirklich kennt, wird man nur schwer zur Kenntnis seiner selbst gelangen.[17] Unter den Wegen wie unter

17 In Anlehnung an eine Stelle aus dem Strategiebuch »Sun-zi« des Chinesen Sun Wu (6. Jh. v. Chr.): »Wer den anderen kennt und sich selbst kennt, dem können hundert Kämpfe nicht gefährlich werden; wer den anderen nicht kennt, aber sich selbst kennt, dem wird bald Sieg zuteil, bald Niederlage; wer den anderen nicht und auch sich selbst nicht kennt, dem muß ein jeder Kampf gefährlich sein.«

allem, was die Menschen tun, gibt es auch Irrwege. Da mag einer erklären, Tag für Tag betreibe er seinen Weg mit Eifer, aber sein Herz ist nicht dabei; da mag einer glauben, er habe sich den Weg ganz angeeignet, aber genau besehen: Es ist nicht der wahre Weg. Sobald der wahre Weg nicht strikt befolgt wird, braucht es nur eine winzige Krümmung, daß daraus später eine gewaltige Abweichung erwächst. Was zu beherzigen ist.

In den übrigen Schulen versteht man unter Kampfkunst gemeinhin das bloße Fechten; und tatsächlich geht es dort darüber nicht hinaus. Auch in meiner Schwertlehre enthält der Begriff einerseits diese Bedeutung, andererseits indessen, und davon zu unterscheiden, meint er den wahren Weg des Kriegers. Um mich mit der in der Welt üblichen Schwertkunst bekannt zu machen, beschreibe ich im »Buch Wind« die Lehren der fremden Schulen.

Das fünfte ist das »Buch Leere«. Ich spreche von der Leere, weil da weder ein Ende ist noch ein Anfang. Die Prinzipien eignet man sich an, man klammert sich nicht an sie. Der Weg der Schwertkunst heißt: aus sich heraus frei zu sein, aus sich heraus Überlegenheit zu erlangen und, wenn die Zeit gekommen ist, den Rhythmus zu kennen, zuzuschlagen wie von selbst, zu treffen wie von selbst. Dies ist der Weg der Leere. Im »Buch Leere« lege ich dar, daß es aus sich heraus geschieht, wenn man den wahren Weg betritt.

Warum ich meine Lehre
die »Zwei-Schwerter-Schule« nenne

Von den »Zwei Schwertern« spricht man, seit es üblich geworden ist, daß sowohl Anführer wie Gefolgsmann zwei Schwerter an der Hüfte tragen. Früher hießen diese Langschwert und Schwert, heute nennt man sie Schwert und Seitschwert.[18] Ohne auf das Tragen der beiden Schwerter näher einzugehen: In unserem Reich gehört es, aus welchen Gründen auch immer, zum Weg des Kriegers, daß er zwei Klingen im Gürtel stecken hat. In meiner Nitô-ichiryû, der »Zwei-Schwerter-Schule«, geht es darum, sich der Vorzüge zweier Schwerter bewußt zu werden. Hinzu kommen als Waffen für die Feldschlacht die Lanze und das Lanzenschwert sowie das übrige Nebengerät.[19]

Nach den Regeln meiner Schule wird von Anfang an die Kunst geübt, gleichzeitig Langschwert und Schwert, mit jeder Hand eines, zu erfassen; das entspricht der Realität. Denn in dem Augenblick, in dem man sein Leben zu verlieren droht, versucht man, sich jede verfügbare Waffe zunutze zu machen. Mit einer nicht benutzten Waffe an der Hüfte sterben, das möchte ja wohl keiner.

Andererseits, wenn man etwas mit beiden Händen umklammert hält, kann man sich unmöglich frei nach links und rechts bewegen.

---

18 Jap. »Tachi« und »Katana« bzw. »Katana« und »Wakizashi«, mit einer Klingenlänge von über 60 cm bzw. zwischen 30 und 60 cm; s. Kommentarteil (»Waffen«).
19 S. Kommentarteil (»Waffen«).

Deshalb verlange ich, daß man das Langschwert mit nur einer Hand ergreife. Schwert und Seitschwert – und Langwaffen wie Lanze und Lanzenschwert erst recht – gehören zu den einhändigen Waffen. Das Langschwert mit beiden Händen zu halten taugt nichts; es hindert, wenn man zu Pferde sitzt, es hindert, wenn man zu Fuß dahineilt, es hindert in Sümpfen, in schlammigen Reisfeldern, auf steinigen Ebenen wie auf steil ansteigenden Straßen oder im Menschengedränge. Auch für den Fall, daß man in der Linken bereits Bogen oder Lanze oder sonst eine Waffe hat, sollte man geübt sein, das Langschwert mit nur einer Hand zu gebrauchen; es beidhändig zu fassen entspricht nicht dem wahren Weg. Erst wo es Schwierigkeiten macht, den Gegner mit einhändig geführtem Schwert zu erschlagen, darf man beide Hände benutzen.

Nicht daß die Methode besondere Mühe bereiten müßte. Zunächst nehme man, um sich an den einhändigen Gebrauch des Langschwerts zu gewöhnen, zwei Langschwerter, in jede Hand eines, und versuche, sie einzeln zu schwingen. Anfangs wird das jedermann als schwierig empfinden, denn Langschwerter haben ihr Gewicht; aber so ist es immer, wenn man etwas zum erstenmal tut, auch einen Bogen zu spannen, auch eine Lanze zu schwingen ist da nicht leicht. Bei all diesen Waffen braucht es die Gewöhnung; am Bogen wächst einem die Kraft, und so hat man, übt man nur fort, bald auch die gehörige Stärke, um das Langschwert nach den Regeln des Weges zu schwingen.

Der Weg des Langschwertes verlangt nicht, daß das Langschwert rasch geschwungen wird; im zweiten, dem »Buch Wasser«, werde ich darauf eingehen. Das Langschwert zieht man, wenn reichlich

Platz vorhanden ist, hingegen das Kurzschwert, wenn es eng zugeht; das vor allem ist der wahre Sinn des Weges. Nach meiner Schule kann man mit dem langen, aber auch mit dem kurzen siegen. Weil es nämlich, so der Weg meiner Schule, nicht eine Frage der Klingenlänge, vielmehr des unbeirrten Willens ist, den Sieg zu erringen. Nicht nur ein Langschwert, sondern ihrer zwei zu haben ist dann von Vorteil, wenn man als einzelner gegen viele kämpft, oder auch, wenn man eingeschlossen ist.

Auf dergleichen kann ich hier nicht ausführlich eingehen, doch aus einem ist alles zu begreifen: Wer den Weg der Kampfkunst einmal beherrscht, für den wird es nichts Verborgenes mehr geben. Was zu bedenken ist.

| Zur Bedeutung des Begriffs Kampfkunst |

Derjenige, der nach unserem Weg das Langschwert zu handhaben versteht, wird allgemein als Meister der Kampfkunst bezeichnet. Sonst in den Kriegskünsten nennt man den am Bogen Erfahrenen einen Schützen, den die Muskete Beherrschenden einen Musketier, spricht man vom Lanzen- oder Lanzenschwertschwinger; nur den im Schwertweg Geübten, ihn nennt man weder Langschwert- noch Kurzschwertschwinger. Bogen, Muskete, Lanze, Lanzenschwert, sie alle ohne Ausnahme sind Waffen des Kriegers, und also gehören sie zum Weg der Kampfkunst. Dennoch ist richtig: Die eigentliche Kampfkunst besteht darin, daß einer mit dem Langschwert umzugehen weiß.

Durch die wundersame Macht des Langschwerts bezwingt man die anderen, bezwingt man sich selbst; insofern ist es das Langschwert, wovon die Kampfkunst ausgeht. Die Macht des Langschwerts erfaßt zu haben bedeutet: Ein Mann besiegt ihrer zehn; hundert Männer besiegen ihrer tausend; tausend Männer besiegen ihrer zehntausend. In der Kampfkunst meiner Schule ist es gleich, ob man gegen einen oder gegen zehntausend steht, immer gilt dabei, daß von den Regeln für den Samurai keine einzige ausgelassen wird.

Was nun Wege betrifft wie die der Konfuzianer, der Buddhisten, der Freunde des Tees, wie die der Etikettelehrer oder der Nô-Tänzer: im Weg des Samurai kommen sie nicht vor. Doch selbst wenn sie nichts damit zu tun haben: Nimmt man den Weg im weiteren Sinne, so sind sie freilich in vieler Hinsicht nicht ohne Belang. Jedenfalls ist es nötig, daß wir uns in diesen Wegen ordentlich bilden.

Zur Bedeutung der Waffen für die Kampfkunst

Will man die Bedeutung der Waffen beurteilen, so gilt: Der Gebrauch einer jeden Waffe ist abhängig von den Umständen, er erfolgt entsprechend dem Augenblick.

Bei räumlicher Enge, wenn einem der Gegner nahe auf den Leib rückt, ist das Seitschwert von großem Nutzen. Das Langschwert kann unter so gut wie allen Gegebenheiten eingesetzt werden.

Während eines Feldzugs ist das Lanzenschwert von seiner Art her der Lanze unterlegen, die Lanze dient dem Angriff, das Lanzenschwert der Abwehr; bei gleicher Fertigkeit ist man mit der Lanze ein wenig stärker. Lanze wie Lanzenschwert sind je nach Situation verwendbar, auf engem Raum jedoch kaum von Nutzen; als völlig ungeeignet erweisen sie sich, wenn man umzingelt ist. Es sind Waffen nur fürs offene Feld, unentbehrlich in der Schlacht.

Wie auch immer, den Gebrauch solcher Waffen in der Halle zu erlernen und sich dabei auf winzige Einzelheiten zu konzentrieren läßt den wirklichen Weg vergessen, so daß es schwerfällt, sie nach ihrem Vorteil zu benutzen.

Der Bogen wird in der Schlacht, auch bei Angriff und Rückzug eingesetzt; daß die Schützen zwischen den mit Lanzen und anderen Nebenwaffen ausgerüsteten Trupps hervor leicht als erste losschießen können, macht besonders bei Schlachten auf offener Ebene ihre Stärke aus, hingegen erweist sich der Bogen als ungeeignet bei der Erstürmung von Burgen oder dann, wenn der Abstand zum Gegner mehr als hundertzwanzig Fuß beträgt. Unnötig zu sagen, daß heutzutage auch der Bogen zu den Kriegskünsten zählt, die zwar in Blüte stehen, aber kaum Früchte tragen. Wo sie nötig wäre, eine solche Kunst, ist sie kaum noch einsetzbar. Ihr Nutzen ist gering.

Aus einem befestigten Platz heraus kommt an Wirkung nichts der Muskete gleich; auch im freien Feld, solange die Schlacht noch nicht begonnen hat, ist sie von vielseitigem Nutzen, untauglich indessen, sobald erst das Treffen im Gange ist. Eine der Stärken des Bogens liegt ja darin, daß man den abgeschossenen Pfeil mit dem Auge verfolgen, den nächsten Schuß entsprechend korrigieren kann; die Musketenkugel hingegen, das ist der Nachteil, sieht man nicht. Ein Umstand, der unbedingt beherzigt werden sollte.

Beim Pferd ist es wichtig, daß es ausdauernd ist und frei von Tücken. Dies gilt allgemein für die Zurüstungen für den Kampf: Das Pferd muß ordentlich traben, Schwert und Seitschwert müssen ordentlich schneiden, Lanze und Lanzenschwert müssen ordentlich zustechen können und Bogen und Muskete so robust sein, daß sie nicht leicht zerbrechen.

Nichts, von den Waffen angefangen, sollte man einseitig bevorzugen; sich allzusehr auf eines zu stützen heißt soviel, wie es unbrauchbar zu machen. Die Waffen, die man danach auswählt, wie sie zu einem passen, und nicht, indem man andere nachahmt, sie sollen gut in den Händen liegen. Anführer wie Gefolgsleute tun unrecht, für dies eine Vorliebe, für jenes eine Abneigung zu empfinden. Was zu beachten ist.

| Vom Rhythmus in der Kampfkunst |

Alles hat seinen Rhythmus, aber besonders in der Kampfkunst wird der Rhythmus nicht erreicht ohne stetes Üben. In der Welt ist er deutlich im Weg des Nô-Tanzes, beim Spiel der Musiker; daß die einzelnen zusammenstimmen, macht den wahren Rhythmus aus. Auf den Weg des Kriegers angewandt, sind Rhythmus und Zusammenstimmung selbst im Bogenschießen, im Abfeuern der Muskete, im Reiten eines Pferdes. Für alle Künste, alle Fertigkeiten gilt: Nie

darf dem Rhythmus zuwidergehandelt werden. Noch das Gestalt-
lose, Unsichtbare besitzt Rhythmus.

Dem Samurai in allen Lebenslagen zu eigen, gibt es in seinem
Dienen[20] den Rhythmus des Aufsteigens und den des Fallens, den
Rhythmus des Einpassens und den des Ausscherens. Oder es gibt
im Weg des Kaufmanns den Rhythmus des Erwerbs von Reichtum
und den des Verlusts von Reichtum; und so ist in den verschiedenen Wegen ein jeder Rhythmus von anderer Art. Zwischen dem in
allen Dingen aufblühenden und dem dahinwelkenden Rhythmus
muß genau unterschieden werden.

In der Kampfkunst haben wir es auf vielfache Weise mit dem
Rhythmus zu tun. Wichtig ist zunächst, daß wir um den überein-
stimmenden Rhythmus wissen und daß wir einen abweichenden
Rhythmus erkennen; auch kommt es darauf an, unter den großen
und kleinen, den langsamen und raschen Rhythmen den jeweils
entsprechenden, den mittleren und den gegenläufigen Rhythmus
zu beherrschen. Ohne die Kenntnis dieses gegenläufigen Rhythmus
kann von einer Sicherheit in der Kampfkunst nicht die Rede sein.
Nach den Regeln der Kampfkunst erforscht man im Gefecht den
Rhythmus der Gegner, um dann selber mit einem die Gegner
überraschenden Rhythmus, einem klugen, auf die Erfahrung der
Leere gestützten Rhythmus loszuschlagen und zu siegen.

In allen Büchern der vorliegenden Schrift komme ich wiederholt
auf das Rhythmusproblem zurück. Man beachte diese Stellen und
benutze sie zur eifrigen Übung.

20 Dienst bei einem Clansfürsten; s. Kommentarteil (»Samurai«).

| Beschluß |

Durch stete Übung von früh bis spät wird der geschilderte Weg der Kampfkunst nach meiner Schule wie von selbst zu größerer Gelassenheit verhelfen; ihn als die Grundlage des Zweikampfs wie des Kampfs gegen viele in der Welt bekanntzumachen, dazu dienen die fünf Bücher »Erde«, »Wasser«, »Feuer«, »Wind« und »Leere«, worin ich mich zum erstenmal über ihn verbreite.

Für denjenigen, der meine Kampfkunst erlernen will, gelten, um den Weg zu beschreiten, die folgenden Regeln:

1. Sei nie arglistig in deinen Gedanken.
2. Sei eifrig in der Übung des Weges.
3. Befasse dich auch mit den anderen Künsten.
4. Mache dich mit dem Weg aller Berufe bekannt.
5. Unterscheide Vorteil und Nachteil einer jeden Sache.
6. Bilde dir ein gerechtes Urteil über alles.
7. Erkenne auch das, was dir unsichtbar bleibt.
8. Habe acht auch auf die kleinen Dinge.
9. Unternimm nichts Nutzloses.

Solchermaßen der Prinzipien eingedenk, übe man sich im Weg der Kampfkunst. Wer hierbei nicht mit weitem Blick die Wirklichkeit erfaßt, kann schwerlich ein Meister der Kampfkunst werden. Sind einem aber die Prinzipien in Fleisch und Blut übergegangen, so wird man auch bei zwanzig, bei dreißig Gegnern nicht der Unterlegene sein. Vor allem ist es das unermüdliche Studium der Kampfkunst, das fortwährende praktische Bemühen um den wahren Weg, wodurch die eigene Hand an Überlegenheit gewinnt und man die anderen darin übertrifft, daß man mit dem Auge besser sieht als sie, und da man darüber hinaus durch die stete Übung einen dem eigenen Willen nach Belieben folgenden Körper erhält, wird man die anderen auch körperlich, ja mit einem an dem Weg gestählten Herzen auch geistig besiegen. Ist man einmal soweit gelangt, wird man gewiß nie mehr irgend jemandem unterlegen sein.

Und was die Kampfkunst im weiteren Sinne betrifft, so wird man in dem Maße erfolgreich sein, als man sich mit hervorragenden Menschen verbindet, zahlreiche Untergebene beschäftigt, sich selbst rechtschaffen hält, das Land zum besten verwaltet, das Volk ernährt, der Welt ein Beispiel gibt. Zu wissen, daß man in keinem der Wege von anderen übertroffen wird, und dergestalt sein Leben und seinen Namen zu erhalten, das ist der Weg der Kampfkunst.

Am zwölften Tag des Fünften Monats
im Jahre Shôhô 2.[21]
Zu Händen von Terao Magonojô[22]
Shimmen Musashi

---

21 1645.

22 Damals 33 Jahre alter Schüler Miyamoto Musashis; führte die Musketiereinheit des Kumamoto-Clans. 1654 gab er sein Lehen zurück, ließ sich beurlauben und ging nach Edo (heute Tôkyô), um dort die Schwertkunst des Meisters zu lehren. Bevor er 1672 starb, legte er die Handschrift im Clansarchiv nieder.

DAS BUCH
WASSER

Worin Miyamoto Musashi
nach der Darstellung dessen,
was im Kampf die innere Haltung und das
äußere Auftreten des Kriegers bestimmt,
die einzelnen Techniken im Umgang
mit dem Langschwert beschreibt.

Da es den Kern der Niten-ichiryû-Lehre der Kampfkunst ausmacht, nach dem Beispiel des Wassers den Regeln von Nützlichkeit und Vorteilsfindung zu folgen, beschreibe ich in diesem »Buch Wasser« die Langschwerttechnik meiner Schule. Den Weg bis in alle Einzelheiten darzulegen, wie ich es gern möchte, ist kaum möglich; aber auch wenn ich mich in Worten nur unvollkommen ausdrücken kann, so wird doch die Wahrheit wie von selbst daraus vernehmbar sein. Was in diesem Buch geschrieben steht, ist Punkt für Punkt und Wort für Wort gründlich zu überdenken. Ungefähres Mutmaßen führt oft genug vom Wege ab. Die Prinzipien der Kampfkunst werden fürs Gefecht Mann gegen Mann geschildert; wichtig ist, dessen ungeachtet auch aufs Große zu schauen, vorbereitet zu sein auch auf die Schlacht zwischen zehntausend und zehntausend. In der Kampfkunst vor allem gerät auf üble Pfade, wer sich, und sei es noch so wenig, im Weg versieht und in die Irre geht.

Das hier Niedergeschriebene nur mit den Augen zu betrachten verhilft noch nicht zum Weg der Kampfkunst; man muß es sich aneignen, um es zu begreifen, muß es, nicht in Nachäfferei von Halbverstandenem, mit der ganzen Kraft seines Herzens gleichsam für sich selbst entdecken, um es dann für immer zu besitzen. So lautet mein Ratschlag.

Die innere Haltung des Kriegers

Auf dem Schwertweg sollte die innere Haltung die gleiche sein wie sonst. Ob im Alltag, ob im Kampf, unverändert bewahre man sich einen offenen, geraden Sinn, sei weder übermäßig angespannt noch nachlässig und achte sorgsam darauf, daß zur Vermeidung von Einseitigkeit das Herz in der Mitte bleibe, daß es ruhig schlage und sein Schlag für keinen Augenblick aussetze. In stillen Zeiten sollte das Herz nicht stillehalten, in Zeiten der Hast sollte das Herz nicht in Hast verfallen, also daß das Herz nicht vom Leib und der Leib nicht vom Herzen fortgezogen werde. Das Herz erfordert Bedacht, der Leib bedarf dessen nicht; das Herz sollte an nichts einen Mangel, doch auch keinen Überfluß haben. Nach außen mag das Herz schwach erscheinen, wenn es nur stark ist in der Tiefe; man halte sich daher so, daß einem niemand ins Herz zu schauen vermag.

Wer klein ist von Gestalt, muß in seinem Herzen ausnahmslos alles von den Großen wissen, wer groß ist von Gestalt, muß sich gut auskennen in den Kleinen; denn ob einer groß ist oder klein, wichtig ist, daß er ein Herz besitzt, das sich nicht zur Bevorzugung des Eigenen verleiten läßt. Wie das Herz im Inneren ungetrübt sein soll und offen, so strebe man nach umfassender Weisheit. Sowohl die Weisheit als auch das Herz unermüdlich zu vervollkommnen, das ist die Aufgabe. Hat man es dann geschafft, die Weisheit zu schärfen, Recht und Unrecht im Reich zu unterscheiden, an jeder Sache Gut und Böse zu erkennen, Erfahrungen zu sammeln in allen Künsten und Fertigkeiten wie in den verschiedenen Wegen, und läßt sich von den Menschen in dieser Welt in keiner Weise mehr täuschen, so konzentriere man sich ganz auf die Weisheit der Kampfkunst. In ihr ist vieles anders als sonst. Für den Augenblick, in dem einen die hunderttausend Dinge des Schlachtfeldes bedrängen, braucht es das Äußerste an Schwertverstand, braucht es ein nicht zu erschütterndes Herz. Was zu üben ist.

Das Auftreten des Kriegers

Zum guten Auftreten gehört, daß man das Gesicht weder zur Erde noch zum Himmel wendet, weder zur Seite neigt noch sonst verzerrt, daß man nicht die Augen rollt oder die Stirn in Falten legt, die Brauen zusammenzieht; vielmehr bemüht man sich um einen ungezwungen wirkenden Gesichtsausdruck, indem man, um nicht zwinkern zu müssen, die Augenlider ein wenig senkt, den Nasenrücken geradehält und das Kinn leicht nach vorn schiebt. Sodann streckt man die hintere Halslinie, wobei man die Kraft so im Nacken versammelt, daß sie durch den ganzen Leib zu spüren ist, läßt beide Schultern fallen, richtet das Rückgrat, zieht das Gesäß ein, verlegt die Kraft in die Beine von den Knien bis hinab zu den Fußspitzen, strafft, um nicht in der Hüfte einzuknicken, den Bauch und verriegelt, wie die Redensart lautet, das Ganze mit dem Keil: Die Seitschwertschneide gegen den Bauch gepreßt, bindet man den Obi-Gürtel[23] so fest, daß er sich nicht lockern kann.

---

23 Bei Männern ein zumeist handbreiter, straff gewebter Gurt, der, mehrfach um die Hüfte geführt, mit einem rückwärtigen Knoten gebunden wird.

Wichtig für das Auftreten des Kriegers ist vor allem, daß er sich im Alltag so hält, als befände er sich auf dem Schwertweg, und daß er sich auf dem Schwertweg nicht anders hält als im Alltag. Was zu beherzigen ist.

| Der Blick des Kriegers |

Der Blick sei umfassend und weit. Von den beiden Arten des erkennenden und des anschauenden Blicks ist der erkennende Blick der starke, der anschauende aber der schwache. Fernes wie nahe zu sehen, Nahes wie ferne zu sehen, darauf kommt es in der Kampfkunst an. Noch wichtiger ist der Satz: Das Langschwert des Gegners kennt man, aber man sieht es nicht, nicht im geringsten. Worum man sich bemühen muß. Dieser Blick ist der gleiche in der kleinen Kampfkunst gegen einen wie in der großen Kampfkunst gegen viele. Ohne die Augäpfel zu bewegen, soll man beide Seiten rechts und links im Blick behalten.

Dergleichen rasch zu beherrschen, wenn noch dazu die Zeit drängt, ist schwer. Man lese diese Schrift, man gewöhne sich einen solchen Blick als den üblichen an und gebrauche ihn in jeder Situation; das ist die Methode, die man beherzigen sollte.

| Der Griff zum Langschwert |

Das Langschwert ergreife man so, daß Daumen und Zeigefinger locker, der Mittelfinger nicht zu locker, nicht zu fest, Ring- und kleiner Finger aber fest anliegen. Liegt es lose in der Handfläche, so ist das falsch. Man zieht das Schwert in der Vorstellung, daß es darum gehe, den Gegner zu erschlagen. Beim Hieb auf den Gegner bleibe die Hand am Schwert unverändert wie zuvor; sie darf sich nicht verkrampfen. Selbst wenn man beim Wegschlagen, Parieren, Arretieren und Niederzwingen des gegnerischen Schwertes den Zugriff wenigstens von Daumen und Zeigefinger ein wenig verändern sollte, es bleibt dabei, daß man das Schwert in der Absicht zu töten in die Hand nimmt. Ob Schwertprobe[24] oder echter Kampf, der Zugriff der Hand ist immer der gleiche, nämlich derjenige, mit dem man einen Menschen niederschlägt. Allgemein gesagt: Zu erstarren, sei's mit dem Schwert, sei's mit der Hand, taugt nichts. Wer erstarrt, wählt den Tod; wer nicht erstarrt, wählt das Leben. Was zu beachten ist.

| Der Gebrauch der Füße |

Die Füße bewege man, indem man die Zehenspitzen ein wenig anhebt, aber mit den Fersen kräftig auftritt. Der Gebrauch der Füße, je nach Umständen mit großen oder kleinen, langsamen oder

24 Erprobung eines Schwerts, z. B. an einem hinzurichtenden Verbrecher.

raschen Schritten, gleiche dem gewöhnlichen Gang. Jene drei Methoden, nämlich die der fliegenden, der schwebenden und der fest aufstampfenden Füße, taugen nichts.[25] Um von dem zu sprechen, was in meiner Schule wichtig ist, so sind es die Yin-yang-Schritte.[26] In den Yin-yang-Schritten wird nicht nur der eine Fuß bewegt. Beim Niederschlagen, beim Zurückweichen, ja sogar beim Parieren wird nach der Yin-yang-Methode bald der rechte, der linke, bald der linke, der rechte Fuß gesetzt. Immer abwechselnd, und nie ein Fuß allein. Dies sollte geübt werden.

| Die Posituren der fünf Richtungen |

Die Posituren der fünf Richtungen[27] sind diese: die obere, die mittlere, die untere, die rechtsseitige und die linksseitige. Ungeachtet der Unterteilung der Posituren in fünf dienen sie sämtlich dazu, den Gegner zu erschlagen. Es gibt keine außer den fünf. Welche man auch immer einnimmt, nie denke man an die Positur als solche, sondern daran, daß es um das Zuschlagen geht.
Je nach Situation wählt man die Posituren groß oder klein. Die obere, mittlere und untere sind die Hauptposituren, die zu beiden

25 Kritik an den Methoden anderer Schwertkampfschulen.
26 Chin. »Schatten und Licht«, kosmologischer Begriff der Polarität oder der Zweiheit, auch für »Frau« und »Mann«, »negativ« und »positiv« usw.
27 Jap. »Gohô«, auch: »fünf Himmelsrichtungen«; die chinesische Windrose kennt außer Norden (oben), Süden (unten), Osten (rechts) und Westen (links) als fünfte Richtung das »Zentrum« (in der Mitte).

Seiten die taktischen Posituren. Wenn man oben oder an einer Seite gehemmt ist, nimmt man die rechte beziehungsweise die linke Positur ein; für welche von beiden man sich entscheidet, das hängt von den Umständen ab. Um von dem zu sprechen, was in meiner Schule wichtig ist, so gilt die Regel, daß die beste der Posituren die mittlere sei. Die mittlere ist die Grundpositur. Auf die Kampfkunst im großen gesehen: Die mittlere Positur hat den Rang des Generals, die vier übrigen Positionen sind dem General nachgeordnet. Was zu berücksichtigen ist.

| Der Weg des Langschwerts |

Den Weg des Langschwerts kennen bedeutet, daß man nach steter Übung der richtigen Technik sein Schwert, auch mit nur zwei Fingern gehalten, frei zu schwingen versteht. Das Langschwert rasch zu bewegen ist gegen den wahren Weg des Schwerts; so schwingt es sich schlecht. Um es auf gute Weise zu schwingen, muß die Bewegung ruhig sein. Es wie einen Faltfächer[28] oder wie ein Messer zu benutzen, nämlich in raschen Schwüngen, hat mit dem Weg des Langschwerts nichts zu tun. Man nennt dies die Hackmessermethode; mit ihr wird man keinen niederschlagen.

---

28 Jap. »Ôgi«; beim Krieger oft als »Tessen« (»eiserner Fächer«), bei dem die beiden äußeren Lamellen statt aus Holz oder Bambus aus Eisen waren, so daß er, im geschlossenen Zustand, als eine Art Waffe benutzt werden konnte.

Hat man das Schwert beim Schlag nach unten geführt, so hebt man es mit einer leichten Bewegung wieder nach oben, hat man es querüber geschwungen, so zieht man es auf die Seite zurück; auch ist wichtig, daß man dabei immer mit abgewinkelten Ellbogen und kräftig zuschlägt. Das ist der Weg des Langschwerts. Der Weg wird gefestigt, und man bekommt den leichten Schwung, wenn man die fünf Eröffnungen nach meiner Kampfkunst benutzt, bis man sie beherrscht. Dazu ist viel Ausdauer vonnöten.

Die fünf Eröffnungen, ihre Abfolge

Erste Eröffnung:

Die erste Positur ist die mittlere. Die Spitze des Langschwerts auf das Gesicht des Gegners gerichtet, tritt man auf diesen zu; wenn er angreift, weicht man mit dem eigenen Schwert nach rechts oben aus, schlägt beim nächsten Hieb des Gegners dessen Klinge von oben her mit dem eigenen Schwertspitzrücken und preßt sie nach unten, so daß man den Gegner bei seinem nun folgenden Hieb von unten her in den Arm trifft. Das ist die erste Art der Eröffnung.
Auf solche Weise, nämlich allein aus dem hier Niedergeschriebenen, sind die fünf Eröffnungen schwer zu verstehen. Sie müssen, als der Weg des Langschwerts, mit den Händen geübt werden.

Indem diese fünf Methoden des Schwertgebrauchs meinen Weg des Langschwerts begreiflich machen, verhelfen sie dazu, den Schlag der gegnerischen Klinge zu beurteilen. Tatsächlich kennt meine Nitô-Schule des Langschwerts keine außer den genannten fünf Posituren. Sie sind stetig zu vervollkommnen.

Zweite Eröffnung:

Die zweite Positur ist die obere. Sobald der Gegner angreift, schlägt man selber augenblicklich auch zu; verfehlt man den Gegner, so hält man das eigene Schwert dort, wo es angekommen ist, um es beim nächsten Hieb des Gegners von unten herauf hochzuziehen und ihn zu treffen. Bei weiteren Hieben verfährt man ebenso.

Im Laufe dieser Entwicklung kommt es zu wiederholtem Wechsel im Rhythmus wie in der inneren Haltung; sobald man sie jedoch beherrscht und sich in dem von meiner Schule gelehrten fünffachen Weg des Langschwerts gründlich auskennt, wird man in jedem Falle siegen. Dazu bedarf es steter Übung.

Dritte Eröffnung:

Drittens nimmt man die untere Positur ein, bereit, dem Gegner, sobald er losschlägt, von unten her Einhalt zu gebieten. Da der so aufgehaltene Gegner den Versuch machen wird, einem das Schwert aus der Hand zu schlagen, kommt man ihm zuvor und trifft ihn nach seinem ersten Hieb querüber in den Oberarm. Es ist dies die Methode, den angreifenden Gegner aus der unteren Positur heraus mit einem Schlag zu erledigen. Sie begegnet einem oft, sowohl am Anfang des Schwertwegs als auch später. Man muß sich auf sie, das Langschwert in der Hand, gründlich vorbereiten.

Vierte Eröffnung:

Für die vierte Eröffnung hält man das Langschwert linksseitig querüber, und greift dann der Gegner an, so braucht man es nur von unten her gegen ihn zu schwingen. Hierauf wird einem der Gegner das Schwert aus der Hand schlagen wollen; man pariert seinen Hieb, hebt unter Ausnutzung der Bewegung das eigene Schwert über die Schulter und läßt es schräg auf ihn niedersausen. Dies ist der Weg des Langschwerts und zugleich die Methode, den Gegner im Augenblick des Angriffs durch das Parieren seines Schwertes zu besiegen. Was man befolgen sollte.

Fünfte Eröffnung:

Für die fünfte Eröffnung hält man das Langschwert horizontal an der rechten Seite. Sobald man den Eindruck hat, der Gegner werde angreifen, reißt man es schräg in die Höhe bis in die obere Positur, um von dort aus senkrecht auf den Gegner einzuhauen. Wenn einer den Weg des Langschwerts erlernen will, gehört auch das dazu. Beherrscht er diese Eröffnung, so ist er imstande, das schwere Langschwert um so freier zu schwingen.

Ich kann die fünf Eröffnungen hier nicht in allen Einzelheiten beschreiben. Um in den Schwertweg nach meiner Schule grundsätzlich hineinzufinden, um ferner den allgemeinen Rhythmus zu begreifen und zu erkennen, in welcher Art der Gegner sein Schwert behandelt, ist es nötig, daß man sich zumal in diesen fünf Eröffnungen durch lange Übungen vervollkommnet. Und hat man die Meisterschaft in diesen Schwerttechniken erreicht, wird man auch im Kampf mit dem Gegner dessen Absichten sogleich durchschauen und sich durch Anwendung der unterschiedlichsten Rhythmen einen in jedem Falle siegreichen Ausgang sichern. Was beachtet werden sollte.

Die Lehre
von der Haltung der Nichthaltung

Die Haltung der Nichthaltung meint: Es muß nicht sein, daß man das Langschwert auf bestimmte Weise bereithält. Insofern zwar, als man sich nach den fünf Richtungen orientiert, bleibt es bei den Posituren; je nach Art des gegnerischen Auftretens aber oder entsprechend dem Ort und den Umständen faßt man, in welcher Richtung auch immer, das Langschwert so, daß man – und darauf kommt es an – den Gegner niederschlagen kann. Da wird dann, weil man zu Zeiten das Schwert ein wenig tiefer hält, aus der oberen die mittlere Positur, oder man hebt es, des Vorteils wegen, ein wenig an, und aus der mittleren wird die obere Positur, so wie sich, bei ähnlicher Gelegenheit, die untere in die mittlere Positur verändert. Auch die seitlichen Posituren verschieben sich unter Umständen zur Mitte hin, so daß sie zu mittleren oder unteren Posituren geraten.

In diesem Sinne wird vom Prinzip »Haltung der Nichthaltung« gesprochen.

Wichtig vor allen Dingen ist indessen, daß man das Langschwert ergreift, um damit auf die eine oder andere Weise den Gegner niederzuschlagen. Ob man das seinerseits zum Schlag ansetzende Langschwert des Gegners pariert oder blockiert, ob man an ihm bleibt oder ihm nachsetzt, immer muß dies in der Bereitschaft erfolgen, den Gegner zu töten. Wer es so hält, daß er jeweils nur an das Parieren oder Blockieren, an das Daranbleiben oder Nachsetzen denkt, wird zu dem letzten Hieb nicht imstande sein. Nötig ist die unbeirrbare Entschlossenheit, den Gegner zu überwältigen. Was man beherzigen sollte.

Auf die Kampfkunst im großen angewandt, entsprechen die Posituren der Schlachtordnung eines vielköpfigen Heeres: Alles ist auf den Sieg ausgerichtet. Erstarrte Posituren wären daher von Übel. Was bedacht zu werden verdient.

| Die Ein-Takt-Methode, den Gegner zu fällen |

Es gibt, um den Gegner zu fällen, die sogenannte Ein-Takt-Methode. Sobald man mit dem Gegner auf Schwertnähe ist und noch ehe dieser sich's versieht, hebt man, ohne zu zucken, ohne sich zu erregen, die Klinge und schlägt ihn blitzschnell mit einem gerade geführten Hieb nieder. Den Gegner zu fällen, bevor er sich entschieden hat, ob er sich zurückziehen, ob er ausweichen oder zuschlagen soll, dies nennt man die Ein-Takt-Methode. Die Methode ist gut zu üben; man muß sie so beherrschen, daß der Hieb mit größter Schnelligkeit erfolgt.

| Die Methode des doppelten Anlaufs |

Wenn in dem Augenblick, da man selber zuzuschlagen im Begriffe ist, der Gegner plötzlich zurückweicht und auf einmal in heftige Anspannung gerät, so tut man zunächst, als wolle man angreifen, schlägt aber erst dann wirklich zu, nachdem seine Anspannung, sein Zurückweichen nachgelassen haben. Das ist die Methode des doppelten Anlaufs. Aus der bloßen Niederschrift wird sie, fürchte ich, nur schwer begreiflich sein; doch dürfte sie, hat man sie erst erlernt, sogleich einleuchten.

| Der Munen-musô-Hieb[29] |

Wenn man sich, angesichts eines zum Angriff übergehenden Gegners, ebenfalls zum Angriff entschließt und der eigene Leib selber ist der zuschlagende Leib und das eigene Herz selber ist das zuschlagende Herz, weshalb die Hand wie von sich aus rasch und kräftig trifft, so heißt dies der »ohne Vorstellung, ohne Denken« geführte Hieb, eine sehr wichtige Art des Zuschlagens. Man begegnet ihr oft. Daher sollte man sie üben, bis man sie beherrscht.

| Der Hieb des überfließenden Wassers |

Der sogenannte Hieb des überfließenden Wassers wird dann benutzt, wenn man sich von gleich zu gleich gegenübersteht und der Gegner versucht plötzlich zurückzuweichen, Abstand zu gewinnen, seine Klinge zur Seite zu reißen: Da heißt es, selber entschlossen ihm nachzusetzen und das Schwert möglichst langsam mit einer großen, wie angestauten Kraft auf ihn niedergehen zu lassen. Wer diesen Hieb geübt hat und beherrscht, verfügt in ihm über einen mit Sicherheit wirksamen Schlag. Wichtig ist, daß man dabei die Positur des Gegners genau im Auge behält.

---

29 Hieb »ohne Vorstellung, ohne Denken«: nach dem buddhistischen Begriff für den Zustand des vollkommenen »Nicht-Ichs«, das sich aus jedem gedanklichen Bezug zu den Dingen gelöst hat.

Der umlaufende Hieb

Wenn der Gegner, sobald man ihn angreift, bald zuzuschlagen, bald auszuweichen versucht, trifft man ihn mit einem einzigen Hieb am Kopf, an den Armen und an den Beinen. Es ist dies der umlaufende Hieb: mit einer einzigen Bewegung des Langschwerts alle Stellen zu treffen. Man sollte ihn fleißig üben, er begegnet einem oft. Wirklich begreifen läßt er sich nur durch wiederholte praktische Anwendung.

Der Feuersteinfunken-Hieb

Der Feuersteinfunken-Hieb[30] wird, wenn beide Klingen aneinanderhaften, mit der heftigsten Gewalt geführt und ohne das eigene Langschwert im geringsten anzuheben. Dazu braucht es kräftige Beine, einen kräftigen Leib und kräftige Arme; muß er doch, gestützt auf diese dreifache Kraft, blitzschnell erfolgen. Er gelingt nicht, wenn man ihn nicht wieder und wieder übt; je gestählter einer ist, desto besser der Hieb.

---

30 Im Sinne von »Hieb in der denkbar kürzesten Zeit«: wie beim Feuerschlagen der aufspringende Funke.

| Der Hieb des roten Herbstlaubs |

Der Hieb des roten Herbstlaubs[31] zielt darauf, dem Gegner das Langschwert aus der Hand zu schlagen und die Überlegenheit des eigenen Schwerts zurückzugewinnen. Wenn der Gegner mit gezogenem Langschwert vor einem steht, bereit, loszuschlagen, zu kämpfen oder zu parieren, schlägt man selber entschlossen und mit aller Kraft entweder im Munen-musô-Hieb oder im Feuerstein-funken-Hieb auf die gegnerische Klinge; und bleibt man dann wie festklebend an ihr und drückt ihre Spitze mit Wucht nach unten, so wird dem Gegner das Schwert unweigerlich aus der Hand fallen. Gut trainiert, ist dieser Schlag nicht schwer. Weshalb er wieder geübt werden sollte.

| Der in das Langschwert verwandelte Leib |

Oder auch: das in den Leib verwandelte Langschwert. Um den Gegner anzugreifen, wird man im allgemeinen gleichzeitig das eigene Schwert und den eigenen Körper bewegen; doch dann bringt das nicht den Sieg. Besser ist es, auf den gegnerischen Angriff zu reagieren, indem man zunächst den Körper als angreifenden Leib benutzt; hiernach erst und unabhängig vom Körper

---

31 Vermutlich in Anspielung auf die jap. Redensart, wenn jemand vor Schmerz oder Zorn errötet: »Es fällt das rote Herbstlaub«.

saust das zuschlagende Schwert hernieder. Manchmal mag es zwar angehen, bei unveränderter Körperhaltung mit dem Langschwert zuzuschlagen, grundsätzlich jedoch greift erst der Leib an und nach ihm das Schwert. Was zu beherzigen und wieder und wieder zu üben ist.

| Hieb und Streich |

Hieb und Streich sind zweierlei. Beim Hieb, gleich welcher Art, schlägt man voller Entschlossenheit und ernsthaft zu. Beim Streich reicht die Absicht nur eben bis zu einem Aufeinandertreffen; mag der Streich noch so kräftig sein, etwa daß er den Gegner auf der Stelle tötet, es bleibt ein bloßer Streich. Der Hieb hingegen geschieht aufgrund innerer Entscheidung. Das gilt es zu berücksichtigen.

Den Gegner mit einem Schwertstreich an den Armen, an den Beinen getroffen zu haben bedeutet zunächst nicht mehr als ein bloßes Berühren, ist es doch nötig, hiernach den kräftigen, entscheidenden Hieb zu führen. Stetes Üben trägt dazu bei, den Unterschied zu erkennen. Die Mühe lohnt sich.

Die Haltung des Herbstaffen

Die Haltung des Herbstaffen[32] ist eine Ausgangspositur, bei der die Arme angelegt bleiben. Man dringt auf den Gegner ein, ohne die Arme auch nur im geringsten auszustrecken, und bevor er zuschlagen kann, ist man bereits dicht an ihm. Der Wunsch, die Arme auszustrecken, entsteht dann, wenn etwas von einem entfernt ist; doch hier geht es darum, so rasch wie möglich beim Gegner anzukommen. Beträgt der Abstand ungefähr Reichweite, so ist es ein leichtes, ihn mit dem Körper anzugreifen. Was zu beachten ist.

Die Lack-und-Kleister-Haltung

»Lack und Kleister«[33] meint hier, daß man beim körperlichen Eindringen auf den Gegner vom einmal Erreichten nicht abläßt. Man bleibt mit Kopf, mit Rumpf, mit den Beinen dicht an ihm, man klebt an ihm mit aller Kraft. Die meisten sind zwar mit Gesicht

---

32 Nicht eindeutig definierbare (chinesische?) Affenart. Im Japan der Edo-Zeit beliebt als Vergleich in Redensarten; nach Yamaoka Shummei (1712–80), in seiner Enzyklopädie »Ruijûmeibutsukô«, ein kurzarmiger Affe, mit einem Ausdruck von »Trauer« (geschrieben hier mit dem um »Herz« erweiterten Schriftzeichen für »Herbst«).

33 Lack: der als Überzug bzw. Werkstoff verwendete Saft des Lackbaums (Rhus verniciflua); Kleister: aus Tierhäuten, Knochen, Fischresten u. ä. ausgekochte gallertartige Masse; hier verstärkend als Ausdruck der verlangten Zähigkeit.

und Füßen rasch am Gegner, aber mit ihrem Rumpf halten sie sich zurück. Man achte indessen darauf, daß der eigene Körper vollständig am Körper des Gegners haftet und dazwischen keine Lücke entsteht. Ein Rat, den es zu befolgen gilt.

| Die Takekurabe-Haltung[34] |

Sooft man auf einen Gegner eindringt, mache man sich nicht kleiner, als man ist, sondern strecke Beine, Hüften und Nacken, strecke sich kräftig, bis man dem Gegner von Angesicht zu Angesicht gegenübersteht, wie zu einem Vergleich der Körpergröße, wobei man sich so groß macht, daß man überzeugt ist, den Vergleich zu gewinnen, um dann energisch zuzuschlagen. Was wieder und wieder zu üben ist.

| Zähigkeit beweisen |

Wenn der Gegner angreift, und man selber greift gleichzeitig ebenfalls an und er pariert den Hieb, so setzt man alles daran, die eigene Klinge auf die gegnerische Klinge zu bringen und zäh an ihr zu haften. Anhaften meint, ein Ablösen der Klinge zu erschweren, weshalb man nicht zuviel Kraft hineinlegen sollte. Je größer

---

34 Haltung nach Art des »Größenvergleichs« (»Take«: »Körpergröße«; »Kurabe«: »Vergleich«), ein unter Jugendlichen beliebtes Ausscheidungsspiel.

die Zähigkeit, mit der die eigene an der Klinge des Gegners haftet, desto leichter das möglichst unmerkliche körperliche Eindringen auf ihn im Augenblick der Entscheidung.

Vom zähen Anhaften zu unterscheiden ist die gegenseitige Verstrickung. Anzuhaften bedeutet Stärke, in Verstrickung zu geraten bedeutet Schwäche.

| Der Stoß mit dem Körper |

Beim Stoß mit dem Körper springt man den Gegner von vorn an, so daß man mit ihm zusammenprallt. Dabei biegt man das eigene Gesicht ein wenig zur Seite, schiebt die linke Schulter vor und trifft ihn mit dieser an der Brust.

Der Zusammenprall muß mit größtmöglicher körperlicher Wucht erfolgen, nämlich im selben Atemzug und in einem Sprung, wie fortgeschnellt. Hat man das gehörig geübt, wird der Gegner dabei zwei, drei Klafter zurückgeschleudert; es kann auch vorkommen, daß der Gegner wie tot liegenbleibt. Für diese Art des Angriffs muß man gestählt sein.

| Drei Arten der Abwehr |

Um beim Eindringen auf den Gegner das von diesem gezogene Langschwert zu parieren, hält man das eigene Langschwert so, als wolle man ihm das Auge durchbohren; damit erreicht man, daß das gegnerische Schwert zur eigenen rechten Seite hin abgleitet.

Oder man zielt auf das rechte Auge[35] des Gegners, bereit, ihm den Hals zu durchstechen; was die Abwehr des gegnerischen Langschwerts durch eine sogenannte Stichparade bedeutet.

Oder man nimmt, wenn der Gegner angreift, das eigene Kurzschwert in die linke Hand und stößt damit nach dem Gesicht des Gegners, ohne sich weiter um die Abwehr seines Langschwerts zu kümmern.

Dies sind drei Arten der Abwehr. Zudem denke man daran, daß man die linke Hand zur Faust ballen und sie dem Gegner ins Gesicht schlagen kann.

Was alles tüchtig zu üben ist.

| Der Stich ins Gesicht |

Was den Stich ins Gesicht betrifft, so ist es wichtig, daß man, steht die Sache unentschieden zwischen dem gegnerischen und dem eigenen Schwert, unablässig daran denkt, dem Gegner die Schwertspitze ins Gesicht zu stoßen. Je entschlossener man auf sein Gesicht zielt, desto stärker wird der Gegner Gesicht und Körper zurückbeugen, und hat man ihn soweit, eröffnen sich einem verschiedene Möglichkeiten, ihn zu bezwingen. Die gilt es auszu-

35 Normalerweise zielt das rechte gehaltene Schwert auf das linke Auge des Gegners; hier wird die Klinge, am Hals vorbei, auf die andere Seite geführt.

nutzen. Immer wenn sich im Kampf der Gegner abwendet, steht ein schneller Sieg über ihn bevor. Deshalb vergesse man nie den Stich ins Gesicht. Man sollte diese vorteilhafte Technik bei den Schwertkampfübungen tüchtig trainieren.

| Der Stich ins Herz |

Mit dem Stich ins Herz attackiert man den Gegner, wenn im Gefecht sonst kein Durchkommen ist, weder von oben noch von der Seite. Wie um das gezückte Langschwert des Gegners fernzu-halten, wendet man ihm das eigene Schwert senkrecht mit dem Klingenrücken zu, zieht dann die Klinge hoch, ohne die Spitze aus der Richtung laufen zu lassen, und stößt ihm diese in die Brust. Eine Technik, die man vor allem dann benutzt, wenn man er-schöpft oder wenn die Klinge stumpf ist. In der man sich aber gut auskennen muß.

| Das Kampfgeschrei |

Wenn man selber angreift und hat den Gegner in die Enge getrieben, aber er versucht noch zurückzuschlagen, so führt man unter Kampfgeschrei das Schwert von unten herauf in die Höhe und läßt es auf ihn niedersausen. Man reißt es in raschem Rhyth-mus mit einem »Ha!« nach oben und schlägt mit einem »Ho!« auf ihn ein. Diesem Rhythmus kann man in Gefechten oftmals begegnen. »Ha!« und »Ho!« – das ist die Absicht, die Schwertspitze zu heben, das ist der Wunsch, den Gegner zu treffen; ist Hochreißen und Zuschlagen in einem. Was aufmerksam zu üben ist.

| Die nachsetzende Abwehr |

Wenn im Gefecht die Schwerter klirrend aufeinandertreffen, wählt man einen Schlag, bei dem das eigene Schwert dem des Gegners im gleichen Rhythmus nachfolgt. Einen solchen Schlag bezeichnet man als nachsetzende Abwehr. Er braucht nicht eben kräftig zu sein, auch handelt es sich um kein Parieren; nur muß man ihn dem gegnerischen Hieb so anpassen, daß man dabei das gegnerische Langschwert beiseite stoßen und im nächsten Augenblick den Gegner niederschlagen kann. Vor allem kommt es darauf an, durch dieses Nachsetzen den Vorteil und damit die Chance zum endgültigen Schlag zu erhalten.

Hat man den Rhythmus richtig erfaßt, mag der Gegner noch so heftig zuschlagen, und selbst wenn er einem die Klinge ein wenig beiseite stoßen sollte, die Schwertspitze nach unten zu drücken wird ihm nicht gelingen. Natürlich ist hierfür ein gehöriges Training vonnöten.

Die Situation
bei einer Vielzahl von Gegnern

Gemeint ist die Situation, zu der es kommt, wenn man als einzelner gegen eine größere Anzahl von Gegnern kämpft. Man zieht beide, das Langschwert und das Kurzschwert, und hält sie mit nach links und rechts erhobenen Armen weit von sich gestreckt. Die Absicht muß sein, die Gegner, mögen sie auch von allen vier Seiten angreifen, hierhin und dahin abzudrängen. Sobald man durchschaut hat, wer von den Angreifern vorn, wer hinten steht, nimmt man es zunächst mit dem an der Spitze auf. Dabei heißt es sorgsam um sich geblickt, und bemerkt man, daß die anderen ebenfalls loszuschlagen versuchen, schwingt man in raschem Wechsel bald das linke, bald das rechte Schwert; jedes Zuwarten wäre von Übel. Indem man nach beiden Seiten hin kampfbereit ist, versetzt man sich in die Lage, auf einen Gegner, der hervortritt, kräftig einzuhauen und ihn zu vernichten, und sich sogleich dem Nächstvortretenden zuzuwenden und auch ihn niederzumachen.

Überaus nützlich ist die Methode, die Gegner zu einer Reihe zu treiben wie die Fische; wenn sie dann so dicht stehen, wie auf eine Schnur gezogen, schlägt man kräftig auf sie ein, ohne ihnen Raum zum Bewegen zu lassen.

Die Stelle, an der sich die Gegner drängen, von vorn zu berennen, bringt nicht viel; auch zu warten in der Hoffnung, sie kämen herausgerückt, hilft nicht weiter. Man wird sie erst besiegen, wenn man den Rhythmus jedes einzelnen genau beobachtet hat und die Punkte kennt, an denen er verletzlich ist. Wie viele sich manchmal auch um einen versammeln, hat man nur gehörig geübt, wie man sie zusammentreiben muß, so kann es einer, können es zehn oder zwanzig sein, man wird keine Mühe mit ihnen haben. Was man beherzigen sollte.

Der Ertrag des Schwertkampfs

Dieser sogenannte Ertrag des Schwertkampfs besteht darin, daß man den Sinn begreift, der in dem durch die Kampfkunst mit dem Langschwert errungenen Sieg verborgen liegt. Das läßt sich nicht im einzelnen beschreiben; man muß ihn, den Weg des Sieges, durch stetes Üben erlernen.

Es ist das Langschwert, an dem sich die wahre Kampfkunst offenbart. Was durch mündliche Überlieferung geschieht.

Die Ein-Hieb-Technik

Mit der Ein-Hieb-Technik ist einem der Sieg gewiß. Doch muß man sie gründlich studieren, anders ist sie nicht zu begreifen. Wenn man sie dann nach stetem Üben beherrscht, stimmt das eigene Handeln mit der Schwertkunst überein, und man siegt, wie man es sich vorgesetzt hat. Was anzustreben ist.

Die unmittelbare Vermittlung

Mit unmittelbarer Vermittlung wird beschrieben, wie in meiner Zwei-Schwerter-Schule der wahre Weg der Kampfkunst empfangen und weitergegeben wird. Wichtig ist, durch stetes Training in dieser Kunst ganz aufzugehen. Dazu dient die mündliche Überlieferung.

Beschluß

Im vorstehenden »Buch Wasser« habe ich die Grundzüge meiner Schwertkampfschule niedergelegt.

Um zu begreifen, wie in der Kampfkunst das Langschwert zu führen und der Gegner zu besiegen sei, gilt es zunächst, die für die fünf Eröffnungen nötigen fünf Posituren zu erlernen; mit zunehmender Beherrschung des Schwertwegs gewinnt man an körperlicher Ungezwungenheit, an Sicherheit, den Rhythmus des Weges zu erkennen. Hat man den Stand erreicht, daß man das Langschwert mit der natürlichsten Gewandtheit handhabt und den Leib und die Beine nach Belieben gebraucht, so wächst auch die Einsicht darein, welches, um über einen Gegner oder ihrer zwei zu siegen, die richtige Kampfkunst ist. In diesem Sinne übe man Artikel für Artikel, wie sie im vorstehenden Buch geschrieben stehen, kämpfe danach mit den Gegnern, und allmählich wird sich einem das innerste Prinzip des Schwertwegs offenbaren.

Das alles betreibe man mit stetem Bemühen, jedoch ohne Hast.

Man hebe gelegentlich, das eigene Können zu erkunden, die Hand und schlage sich mit dem oder jenem und lerne daraus die Denkart des anderen. Auch einen Weg von tausend Meilen geht man Schritt für Schritt. Geduldig seinem Gesetz zu folgen, das ist, worein man sich zu finden hat, die Aufgabe des Samurai: daß er heute sein gestriges Ich besiegt, daß er morgen die ihm Unterlegenen und danach die ihm Überlegenen zu besiegen gedenkt, wie es in diesem Buche beschrieben wird, und daß er sein Herz davor bewahrt, auf die kleinsten Abwege zu geraten.

Welchen Gegner er auch immer besiegt, sollte er dabei dem zuwiderhandeln, was ihn der Meister gelehrt, so kann er sich nicht auf dem wahren Weg befinden. Besinnt er sich aber in seinem Herzen auf die hier beschriebenen Taktiken, wird er gewiß imstande sein, er allein, gegen Dutzende von Gegnern zu bestehen. Dazu ist es allerdings vonnöten, daß er sich, gestützt auf seinen Schwertverstand, darum bemüht, die Regeln des Gefechts mit vielen in der Schlacht ebenso wie die des Zweikampfs zu beherrschen. Auf tausend Tage Übung, um sich zu stählen, folgen zehntausend Übungstage, an denen das so Gestählte poliert werden muß. Was zu beherzigen ist.

Am zwölften Tag des Fünften Monats
im Jahre Shôhô 2.
Zu Händen von Terao Magonojô
Shimmen Musashi

DAS BUCH
FEUER

Worin Miyamoto Musashi
nach seiner Schule der Schwertkunst
die verschiedenen Taktiken darlegt,
die sämtlich zum Ziele haben,
die Initiative im Kampf an sich zu reißen
und sie zu behaupten.

Nach der Nitô-Schule wird das Gefecht als Feuer begriffen, und so will ich in diesem »Buch Feuer« vom realen Kampf um Sieg oder Niederlage schreiben.

Alle Welt[36] neigt dazu, die Leistungen der Kampfkunst gering einzuschätzen. Dafür kennt man sich in dem auf fünf oder drei Zoll anzusetzenden Handgelenksvorteil durch entsprechende Fingerarbeit aus; andere wiederum nehmen den Fächer, um aus der Bewegung vom Ellbogen an abwärts die zum Sieg verhelfende Beschleunigung zu erlernen, oder sie versuchen mit dem Bambusschwert[37] ein wenig schneller zu sein, üben den Gebrauch der Arme, den Gebrauch der Beine, konzentrieren sich darauf, mit kleinen Tricks die Überlegenheit zu gewinnen.

In meiner Kampfkunst hingegen wird jedesmal unter Einsatz der ganzen Existenz um den Sieg gefochten, es fällt die Entscheidung zwischen Leben und Tod.

Hier begreift man den wahren Weg des Schwertes, lernt, was an dem vom Gegner geführten Langschwert stark ist und was schwach, oder wann man die Klinge mit ihrer Schneide und wann mit dem stumpfen Rücken benutzt.

Um durch Übungen dahin zu gelangen, daß man den Gegner zu erschlagen imstande ist, denkt man doch nicht an jene kleinen, jene unerheblichen Dinge. Und wenn man sich gar erst mit den

---

36 Gemeint sind die anderen Fechtschulen.
37 Schlaggerät zu Übungszwecken, noch heute beim Stockfechten (s. Kommentarteil, »Kendô«) benutzt; zu Vierteln gespaltener Bambusstock, an Griff und Spitze mit Leder umwickelt und mit einer Sehne gebunden.

sechs Teilen[38] gerüstet hat, so wird einem die Erinnerung an solche Tricks ohnehin zu keinem Vorteil mehr gereichen.

Darüber hinaus geht es bei meiner Kampfkunst um eine gründliche Ausbildung in dem Weg des Sieges, der einen in die Lage versetzt, im Gefecht auf Leben und Tod gegen fünf oder zehn Gegner zu bestehen. Hiernach ist es grundsätzlich kein Unterschied, ob ein einzelner ihrer zehn oder ob tausend Männer ihrer zehntausend besiegen. Was zu bedenken ist. Natürlich kann man, das zu proben, bei einer normalen Übung keine tausend oder zehntausend Krieger zusammenbringen. Doch selbst wenn man allein zum Langschwert greift, ist man doch imstande, aus einer vorsichtigen Beobachtung ihrer Listen und Kniffe auf die Stärken und die Schwächen eines jeden Gegners sowie auf ihre Absichten zu schließen, um sie unter Anwendung dessen, was man in der Kampfkunst gelernt hat, sämtlich zu überwinden und damit ein Meister dieses Weges zu werden.

Wer immer in dieser Welt, weil er die feste Absicht hat, sich den wahren Weg meiner Kampfkunst anzueignen, ihn zu beherrschen, Tag für Tag von morgens bis abends übt und sich unablässig in ihm verbessert, wird schließlich dahin gelangen, daß er die freiesten und erstaunlichsten, alles übersteigenden Fähigkeiten ent-

38 »Roku-gû«, wörtl. »sechs Geräte«; worunter im militärischen Bereich die jeweils volle Ausstattung verstanden wurde, so des Generals, des Berittenen usw. Hier benutzt im Sinne der faktischen Kampfbereitschaft bei angelegter Rüstung, die aus Helm, Brustpanzer, Lenden-, Arm- und Handschutz sowie aus den Schenkelharnischen und den Beinschienen bestand.

wickelt. Das ist die rechte Art, als Samurai nach den Regeln zu handeln.

Zur Situation am Kampfplatz

Bei der Beurteilung des Kampfplatzes gilt die Regel: Vor Ort ist die Sonne auf die Schultern zu nehmen. Man wählt eine Position, bei der man die Sonne im Rücken hat. Wenn dies aus Gründen des Ortes nicht möglich ist, stelle man sich so auf, daß einen die Sonne von der rechten Seite her bescheint. Auch in Innenräumen sollte man das Licht immer hinter oder rechts von sich haben. Bei Aufnahme der Position empfiehlt es sich, darauf zu achten, daß der Platz nach rückwärts durch nichts verstellt und nach links zu genügend offen ist; rechts hingegen lasse man möglichst wenig Freiraum. Nachts hat man, um den Gegner zu erkennen, ebenfalls das Feuer besser hinter sich und das Licht von rechts her. Hilfreich ist, wenn man ein wenig höher steht als der Gegner und also auf ihn hinabsieht. In Innenräumen wäre zum Beispiel an den erhöhten Kamiza[39] zu denken.

Beginnt dann der Kampf und treibt man den Gegner vor sich her, so setze man alles daran, daß man ihn, von einem selber aus gesehen, nach links abdrängt, bis er, was er auch unternimmt, nach rückwärts in die Enge gerät. Nun heißt es nicht lockerlassen, auf

39 »Oberer Platz«; hier der estradenartig leicht erhöhte Fußbodenteil im Empfangszimmer, auf dem der Ehrengast zu sitzen pflegte.

daß sich der Gegner weder zu orientieren noch den Blick seitwärts nach rechts oder links zu wenden vermag, entsprechend hart rücke man ihm zu Leibe. In Innenräumen jage man ihn gegen Schwellen, Türstürze, Schiebefenster und -türen, gegen den Umgang oder die Pfeiler, so daß ihm auch hier keine Zeit zum Orientieren bleibt. Ihn stets dorthin zu drängen, wo er nur schwer Fuß fassen kann, wo er beiderseits von Hindernissen umgeben ist, und dabei den eigenen Vorteil des Platzes auszunutzen, um die Überlegenheit über ihn zu gewinnen, ausschließlich darauf sollte man bedacht sein. Wozu ein unablässiges Üben vonnöten ist.

Die drei Möglichkeiten, die Führung an sich zu reißen

Von den drei Möglichkeiten bezeichnet man die eine als Ken-no-sen, das heißt: dem Gegner zuvorkommend aus dem Angriff (ken) die Führung (sen) an sich reißen. Eine andere Möglichkeit nennt man Tai-no-sen, das heißt: aus dem Warten (tai) auf den gegnerischen Angriff die Führung (sen) an sich reißen. Eine weitere Möglichkeit ist das Taitai-no-sen, das heißt: aus dem Gleichziehen (taitai) beider Seiten die Führung (sen) an sich reißen.

Dies sind die drei Möglichkeiten. Bei welchem Kampf auch immer, es gibt, um anzufangen, sonst keine Möglichkeiten. Wer sie zu nutzen weiß, dem ist ein rascher Sieg sicher; weshalb das An-sichreißen der Führung das Wichtigste in der Kampfkunst ist. Natürlich gilt es dabei allerlei Umstände zu beachten, doch kann ich diese hier im einzelnen nicht beschreiben; um in jedem Fall die vorteilhafteste Methode zu ergreifen, muß man zunächst die Absichten des Gegners durchschauen, sodann wird man mit Hilfe der Weisheit meiner Kampfkunst den Sieg erringen.

1. Das Ken-no-sen:

Man reißt die Führung dadurch an sich, daß man, hat man sich zum Angriff entschlossen, völlig ruhig bleibt, um dann überraschend schnell zuzuschlagen; nämlich mit einem Herzen, das während der kräftig raschen Außenbewegung tief im Inneren verharrt. Oder man strengt das eigene Herz so heftig wie möglich an, und mit schnelleren Schritten als sonst dringt man bis nahe auf den Gegner ein, um ihn augenblicklich zu überwältigen. Auch läßt man das Herz frei sein,[40] daß es auf nichts zielt als darauf, den Gegner zu vernichten: siegend durch ein bis auf den Grund starkes Herz. All das ist Ken-no-sen.

2. Tai-no-sen:

Wenn der Gegner seinerseits auf einen eindringt, gibt man nichts darauf und stellt sich schwach; und ist er dann heran, so weicht man ihm bald aus, bald tut man, als wolle man sich auf ihn stürzen,

---

40 Nach zeitgenössischer Auffassung gehörte hierzu, daß man alles Unklare, alle Spekulationen und Phantasien, Täuschungen und Verwirrungen, Schwächen und Bedrängnisse aus seinem Herzen (oder: Geist) verbannte.

bis man eine Erschlaffung an ihm bemerkt. Sogleich und mit einem kräftigen Hieb holt man sich den Sieg. Das ist die eine Möglichkeit. Oder man geht auf den angreifenden Gegner selbst um so kräftiger los, nutzt eine Lücke, die man in seinem Angriffsrhythmus erspäht, und besiegt ihn auf der Stelle. Dies zu der Methode, wie man aus dem Warten die Führung an sich reißt.

3. Taitai-no-sen:

Wenn man einem rasch angreifenden Gegner mit einem ruhigen, aber kräftigen Gegenangriff antwortet; wenn man, indem er näherkommt, plötzlich eine entschiedene Haltung einnimmt und an dem deshalb irritierten Gegner eine Blöße entdeckt, schlägt man sogleich mit aller Macht zu und siegt. Oder der Gegner greift ruhig an; in dem Falle beschleunigt man mit behenden Bewegungen den eigenen Angriff, und hat man den Gegner nahe vor sich, so läßt man es auf ein Gerangel ankommen, um dabei den Zustand des Gegners auszukundschaften und dementsprechend mit einem kräftigen Hieb zu siegen. Dies sind die Möglichkeiten, mit denen man, wenn es gleich steht, die Führung an sich zu reißen vermag.

Dergleichen in allen Einzelheiten darzulegen ist schwer. Aber mit diesem Buch in der Hand dürfte man imstande sein, es in großen Zügen zu begreifen. Die drei aufgeführten Möglichkeiten, die Führung an sich zu reißen, sind je nach zeitlichen Umständen und eigenem Vorteil anzuwenden; dabei geht es nicht immer darum, selbst mit dem Angriff zu beginnen; und auch wenn man so verfährt, wünscht man doch eher, den Gegner herumzusteuern. Das Ansichreißen der Führung führt notwendigerweise und in jedem Falle durch die Weisheit der Kampfkunst zum Sieg, bis dahin ist unablässiges Üben vonnöten.

| Aufs Kissen drücken |

Aufs Kissen drücken heißt sinngemäß: nicht zuzulassen, daß der andere den Kopf hebt. Wird beim Kampf um Sieg oder Niederlage der eine vom anderen gesteuert und reagiert nur noch, so ist das von Übel. Tatsächlich wünscht er sich, mit dem Gegner nach Belieben zu verfahren.

Es geht demnach darum, daß man, während doch der Gegner dasselbe erhofft, die eigene Absicht durchsetzt; aber solange man nicht herausfindet, was der andere zu tun im Begriffe ist, hält das schwer.

Nach der Kampfkunst soll man, wenn der Gegner zum Hieb ansetzt, sein Schwert aufhalten, oder man soll es nach unten schlagen, sobald er zustoßen will; wie man den Gegner, der sich an einen klammert, abzuschütteln hat. Mit anderen Worten: Man muß ihn aufs Kissen drücken. Steht einer, der meinen wahren Weg der Schwertkunst beherrscht, im Kampf mit einem Gegner, so wird er, welche auch immer, die Pläne des Gegners aus den geringsten Anzeichen erkennen, noch ehe sie zur Ausführung gelangen; wird er sie zunichte machen, bevor der Gegner mit dem Schwert nur ausholen kann. Dies ist das Aufs-Kissen-Drücken. Und so gilt es für alles: für die Attacke des Gegners, für seinen Sprung, für seinen Hieb; sie haben ihre Köpfe, die Anfangslaute A und S und H, kaum erhoben, da sind sie schon wieder weggedrückt. Dabei sollte man, was die vom Gegner gewählten Techniken betrifft, die nutzlosen unter ihnen sich durchaus gefallen lassen, nur die entscheidenden müssen abgeblockt, sie auszuführen muß der Gegner gehindert werden; das ist das Wichtige. Und selbst dann kann es von Nachteil sein, an nichts als daran zu denken, wie sie wegzudrücken sind. Worauf es vor allem ankommt: daß man, getreulich nach dem Weg der Kampfkunst handelnd, die Vorhaben des Gegners deshalb zum Scheitern, seine Pläne deshalb zur Wirkungslosigkeit verdammt, um ihn desto besser und nach Belieben lenken zu können. Damit erweist man sich als Meister in dieser Taktik, und das infolge steter Übung. Jedenfalls handelt es sich bei dem Aufs-Kissen-Drücken um eine Methode, die zu beherzigen ist.

| Das Hinübersetzen |

Hinübersetzen kann zum Beispiel bedeuten, daß da eine Meerenge ist, die man überquert; aber man spricht auch von einem Hinübersetzen, wenn vierzig, fünfzig Meilen[41] über See zurückzulegen sind. Ebenso dürften innerhalb einer einzigen Generation die Menschen oft genug gezwungen sein, über schwierige Stellen im Leben hinüberzusetzen. Für eine Schiffsreise muß man die An-

---

41 Eine Meile (jap. »Ri«) mißt 3,930 km.

lauforte kennen, man erkundigt sich nach der Beschaffenheit des Schiffes, man versichert sich, daß es ein günstiger Tag[42] ist, und sollten keine Begleitschiffe mit auslaufen, setzt man auf dem einen Schiff allein die Segel, immer angepaßt an den Zustand der Stunde, ob bei Seitenwind, ob bei Rückenwind, selbst wenn man bei Gegenwind für zwei, drei Meilen die Ruder gebrauchen müßte; so entschlossen, den Hafen drüben zu erreichen, bemeistert man das Schiff und vollendet das Hinübersetzen. Dieselbe Bereitschaft ist bei der Bewältigung des Lebens vonnöten: Man muß den Willen haben, es unter Aufbietung aller Kräfte zu schaffen.

Auch in der Kampfkunst, besonders in der Schlacht, ist das Hinübersetzen ein wichtiges Element. Indem man den Rang des Gegners akzeptiert und die eigenen Fähigkeiten richtig einschätzt, wird man mit den Prinzipien dieser Kunst – darin dem Steuermann gleich bei glücklicher Fahrt übers Meer – hinübersetzen über alle Schwierigkeiten. Ist das gelungen, darf man hinsichtlich des Ferneren beruhigt sein. Mit dem Hinübersetzen hat man den Gegner geschwächt und selbst die Führung an sich gerissen; zumeist hat man bereits gesiegt.

In der Schlacht mit vielen wie bei einem einzelnen Gegner kommt es entscheidend auf das Hinübersetzen an. Was sorgsam zu üben ist.

42 Nach chinesischem Vorbild vom Kalendermacher errechnete Glückstage.

| Den Stand der Dinge erkennen |

Zu erkennen, wie die Dinge stehen, heißt, bezogen auf den Kampf mit vielen, daß man herausfindet, ob die Kräfte des Gegners noch frisch sind oder schon erschlafft, und wie es bei der Mehrzahl seiner Truppen mit der Entschlossenheit bestellt ist; daß man ihre Position auf dem Schlachtfeld durchschaut und ihre Möglichkeiten richtig einschätzt. Entsprechend sind die eigenen Truppen einzusetzen, und sie werden, dank dieser Kampfkunst, gewiß den Sieg erringen; besitzen sie so doch den Vorzug der Überlegenheit.

Auch im Einzelkampf versuche man festzustellen, welcher Schwertkampfschule der Gegner angehört, von welchem Charakter er ist und wo er stark ist oder schwach; und indem man hierauf den Gegner so angreift, wie dieser es nie erwartet hätte, um in Kenntnis seines Rhythmus die eigenen Hiebe in die gegnerische Schlagpause fallen zu lassen, wird man unabweislich die Führung an sich reißen.

In allem zu erkennen, wie die Dinge stehen, dazu braucht es einen starken Verstand; dann entgeht einem nichts. Hat man sich die Kampfkunst so zu eigen gemacht, daß man frei über sie verfügt, sind die Absichten des Gegners leicht durchschaut, und es eröffnen sich viele Wege zum Sieg. Was zu bedenken ist.

| Das Schwert niedertreten |

Das sogenannte Niedertreten des Schwerts wird in der Kampfkunst häufig angewandt. Wenn in der Schlacht gegen viele die andere Seite zunächst einen Hagel von Pfeilen oder Musketenkugeln abschießt, um erst danach loszuschlagen, so ist das nicht die Zeit, selber auch die Bogen zu spannen oder die Musketen zu stopfen und damit dem Gegner zu erwidern. Vielmehr gilt es, auf der Stelle, noch unter den Schüssen des Gegners, anzugreifen. Denn gegen einen plötzlichen Angriff können seine Pfeile nur schwer etwas ausrichten, sind auch seine Musketen wirkungslos. Greift hierauf der Gegner seinerseits an, ist das kein Grund zur Sorge. Man empfängt ihn nach besagtem Prinzip: niederzutreten, was er unternimmt, und auf diese Weise zu siegen.

Ebenso führt es im Einzelkampf zu nichts, wenn man dem angreifenden Langschwert des Gegners Schlag um Schlag hinterherschlägt; besser benutzt man die Methode des Niedertretens, wobei man das gegnerische Schwert im Augenblick des Losschlagens derart trifft, daß der Gegner zu keinem zweiten Hieb mehr fähig ist. Niedertreten heißt nicht, daß man es unbedingt mit den Füßen tun müßte. Es gibt auch ein Niedertreten mit dem Körper, mit dem Herzen und natürlich mit dem Langschwert, so daß es dem Gegner nicht danach zumute ist, sein Vorhaben zu wiederholen. Kurz gesagt handelt es sich darum, ihm in allem zuvorzukommen. Es ist dies eine Technik, durch die man, ist man einmal am Gegner, seiner habhaft wird, ohne mit ihm zusammenzustoßen. Was gut geübt sein will.

| Den Verfall erkennen |

Der Verfall kommt über alles. Es kann die Familie verfallen, es kann der Leib verfallen, es können die Gegner verfallen, wenn die Zeit dazu da ist und der Rhythmus in Unordnung gerät.

In der Schlacht achte man darauf, daß man den verfallenden Rhythmus der gegnerischen Truppen wahrnimmt, um sie, damit sie nicht entwischen, sogleich in die Enge zu treiben. Versäumt man den Augenblick ihres Verfalls, könnten sie am Ende wieder zu sich finden.

Auch beim Einzelgefecht geschieht es, daß der Gegner, aus dem Rhythmus geratend, mitten im Kampf Verfallserscheinungen zeigt. Bemerkt man diese nicht auf der Stelle, kehrt der Gegner möglicherweise zu seinem vorigen Zustand zurück, wird gleichsam ein Neuer, und man ist keinen Schritt weitergekommen. Wichtig hingegen ist, schon beim ersten Vorzeichen des Verfalls dem Gegner mit einem solch nachdrücklichen Angriff zuzusetzen, daß ihm die Rückgewinnung seines Rhythmus abgeschnitten wird. Es muß ein einziger, kräftiger Hieb sein, ein Hieb, den man gut beherrschen sollte. Ohne ihn gibt es keine Entscheidung. Was zu beherzigen ist.

| Selber zum Gegner werden |

Zum Gegner werden bedeutet, daß man sich vorstellen solle, man verwandle sich in den Gegner. Beim Blick auf diese Welt ist man zum Beispiel geneigt, einen im Haus verschanzten Dieb und so auch den Gegner für stark zu halten. Wenn man sich nun aber vorstellt, man selber wäre dieser Gegner, so bekommt man das Gefühl, die ganze Welt stünde gegen einen, und man hätte sich hier hineingeflüchtet, weil man sich nicht mehr zu helfen gewußt hätte. Der Eingeschlossene ist der Fasan. Diejenigen, die zu ihm eindringen, ihn zu erschlagen, sind die Falken. Was bedacht sein will.

In der Schlacht verhalten sich manche allzu behutsam, sind sie doch fest davon überzeugt, er sei stark, dieser Gegner. Verfügt man indessen über gute Truppen und kennt die Prinzipien der Kampfkunst, so wird man – da ist nichts zu befürchten – den Gegner mit Sicherheit schlagen. Auch im Einzelkampf ist es wünschenswert sich vorzustellen, man befinde sich in der Lage des Gegners; solange man sich daran klammert, daß jedermann die Kampfkunst beherrsche, mit der Schwerttechnik brilliere, in den kriegerischen Fertigkeiten überlegen sei, so lange ist man bereit, sich jedenfalls besiegen zu lassen. Das gilt es gründlich zu überlegen.

| Die vier Hände loslassen |

Vom Loslassen der vier Hände spricht man dann, wenn sich durch beidseitig gleiche Absichten eine solche Konkurrenzsituation ergeben hat, daß das Gefecht nicht mehr vorankommt; sobald einem dies klar wird, gibt man die bisherige Absicht auf, und indem man eine andere List gebraucht, gewinnt man den Sieg.

Beim Kampf mit vielen in der Schlacht bedeutet das Eintreten der Vier-Hände-Situation[43] nicht nur eine Blockade, sondern erhebliche Menschenverluste. Am besten verzichtet man auf den gehabten Plan, wählt eine vom Gegner nicht erwartete neue Methode und siegt mit dieser. Auch beim Einzelkampf ist es wichtig, daß man, bemerkt man eine Vier-Hände-Situation, unverzüglich die Absicht wechselt, um sich mit einem entsprechend der gegnerischen Position geänderten Vorgehen für den Sieg zu entscheiden. Was ein feines Urteil erfordert.

---

43 Bild für den absoluten Gleichstand in einem Wettkampf, zum Beispiel beim Sumô-Ringen, wenn die zwei Kämpfer sich gegenseitig mit Armen (und Händen) umklammern.

| Den Schatten mobilisieren |

Der Schatten[44] ist dann zu mobilisieren, wenn die Absichten des Gegners nicht zu erkennen sind. Kann man sich in der Schlacht über die gegnerische Position anders nicht klarwerden, tut man so, als unternähme man einen heftigen Angriff, und schon offenbart der Gegner, wie er sich sein Vorgehen denkt. Weiß man dies, ist es ein leichtes, ihn mit angemessenen Mitteln zu besiegen.

Dasselbe gilt für den Einzelkampf. Solange der Gegner sein Schwert hinter sich oder seitwärts in Bereitschaft hält, braucht man lediglich einen unerwarteten Scheinangriff gegen ihn zu führen; die Folge wird sein, daß er einem mit der Klinge bedeutet, worauf er hinauswill. Da man nun also Bescheid weiß, ergreift man auf der Stelle die nötigen Maßnahmen und kann sich des Sieges gewiß sein. Unbedachtes Handeln indessen bringt einen aus dem Rhythmus. Was zu beachten ist.

44 Schatten als das am Gegner unsichtbar Bleibende; dessen Bewegung sich nicht zu erkennen gibt.

Den Schatten niederhalten

Das Niederhalten des Schattens[45] ist eine Methode, die man dann anwendet, wenn der Gegner hat erkennen lassen, wie er anzugreifen gedenkt. In dem Augenblick, in dem er in der Schlacht seine Taktik ins Werk setzen will, bedeutet man ihm, man werde diese vereiteln; und zeigt man ihm nur mit Nachdruck, daß er damit alle Vorteile verlieren kann, wird der Gegner angesichts solch fester Haltung seine Taktik ändern. Hierauf wechselt man selber auch die Taktik, um aus einem unbelasteten Herzen die Führung an sich zu reißen und zu siegen.

Im Einzelkampf kann man den zur Ausführung seines Plans entschlossenen Gegner gleichfalls dazu bringen, daß er den auf Vorteil zielenden Rhythmus aufgibt; danach ersetzt man diesen durch den eigenen, zum Sieg führenden Rhythmus und eröffnet den Angriff. Was gut bedacht werden sollte.

Den Gegner anstecken

In allem gibt es Übertragbares. Müdigkeit zum Beispiel oder ein Gähnen kann ansteckend sein. Auch die Zeit, wie sie verfließt, wechselt von einem zum anderen.

Wenn in der Schlacht der Gegner unruhig ist und es darauf anlegt, die Dinge hurtig zu betreiben, gehe man keinesfalls darauf ein,

---

45 Hier als der sichtbare, die Aktion anzeigende Schatten.

sondern zeige eine sichtbare Gelassenheit; hiervon angesteckt, wird auch der Gegner in seinem Gemüt erschlaffen. Sobald man von dem so veränderten Zustand des Gegners überzeugt ist, greift man selber mit unbelastetem Herzen rasch und heftig an und erringt den sicheren Sieg.

Im Einzelkampf gibt man sich äußerlich wie innerlich ebenso gelassen, wartet auf den Augenblick, in dem der Gegner erschlafft, um dann geschwind und kraftvoll zuerst anzugreifen und zu siegen. Man spricht auch davon, den anderen »betrunken« zu machen; das verläuft ganz ähnlich. Oder man versetzt ihn in Langeweile, in Erregung oder vermittelt ihm das Gefühl der Schwäche. Was alles gut zu üben ist.

| Den Gegner aus der Fassung bringen |

Es gibt mancherlei, was einen aus der Fassung bringt. Zum Beispiel die kritische Situation, die ausweglose Situation, die unerwartete Situation. Was zu beherzigen ist.

In der Schlacht mit vielen gehört es zu den wichtigen Elementen, daß man den Gegner aus der Fassung bringt. Es kommt darauf an, mit größter Heftigkeit dort anzugreifen, wo es der Gegner am wenigsten erwartet, zum eigenen Vorteil die Führung an sich zu reißen, solange er noch unentschlossen ist, und ihn zu besiegen.

Auch beim Einzelkampf empfiehlt es sich, scheinbar gemächlich zu beginnen, um dann plötzlich kraftvoll zuzuschlagen, den Gegner in seinen Absichten zu verwirren, ihm nachzusetzen und kein Atemholen zu gönnen, auf welche Weise man sicher Vorteil und Sieg erringt. Was wieder und wieder zu üben ist.

| Den Gegner erschrecken |

Erschrecken machen kann vielerlei. Das Herz erschrickt vor dem, was unerwartet geschieht.

In der Schlacht ist der Gegner nicht nur durch das zu erschrecken, was er vor Augen sieht, ebenso geschieht dies durch Getöse oder dadurch, daß man ihm Kleines groß erscheinen läßt. Auch daß man überraschend seine Flanke attackiert, gehört zu den Methoden, wie man den Gegner in Schrecken versetzen kann. Indem man sich seines davon beeinflußten Rhythmus bedient, erlangt man Vorteil und Sieg.

Im Kampf Mann gegen Mann benutzt man Körper, Langschwert und Stimme, um den Gegner zu erschrecken; sodann geht man plötzlich und unerwartet gegen ihn los, sich so den Vorteil aus seinem Erschrecken sichernd, und holt sich unaufhaltsam den Sieg. Was anzustreben ist.

| Mit dem Gegner verschmelzen |

Verschmelzen bedeutet hier, daß man sich, dicht am Gegner und hart mit ihm ringend, angesichts eines unentscheidbaren Gleichstands so völlig an den Gegner herandrängt, daß man mit ihm eins wird; dabei kommt es darauf an, aus der Verschmelzung die Vorteile zu ziehen, die einem den Sieg bringen.

Ob in der Schlacht oder im Einzelkampf, sobald man im Wetteifer mit dem Gegner in eine Situation geraten ist, in der die trennende Durchsetzung der einen oder anderen Seite undenkbar erscheint, muß man sich ohne weiteres mit dem Gegner verschmelzen, muß sich so verhalten, daß keine Unterscheidung mehr möglich ist, um währenddessen die Kampffähigkeit zurückzuerlangen, den zur eigenen Überlegenheit führenden Weg zu finden und kraftvoll zu siegen. Was man genau befolgen sollte.

| An den Ecken anpacken |

Man packt an den Ecken an, weil alles Mächtige im direkten Zugriff schwer zu bewegen ist.

In der Schlacht mit vielen gewinnt man den Vorteil daraus, daß man die gegnerischen Truppen beobachtet und sie von ihren am weitesten vorragenden Ecken her bekämpft. Je abgenutzter die Flanken, desto schwächer das Ganze. Wichtig ist, sich während dieser Abnutzung Ecke um Ecke vorzunehmen und sich so den Sieg zu sichern.

Auch im Einzelkampf ist es leicht, den Sieg dadurch zu erringen, daß man den körperlichen Ecken des Gegners Schmerzen zufügt; sein Leib wird allmählich schwächer werden und schließlich verfallen. Was zu beachten ist. Man muß wissen, wie man den anderen überwindet.

| Den Gegner in Verwirrung stürzen |

In Verwirrung stürzen heißt: den Gegner dazu zu bringen, daß er unfähig ist, einen bestimmten Plan zu fassen.

Auf dem Schlachtfeld im Kampf mit vielen, nachdem man die Absichten des anderen durchschaut hat und kraft der eigenen Kenntnis der Kampfkunst, greift man zu diesem Rhythmus, daß der Gegner nicht ein noch aus weiß; man läßt ihn denken, es komme so oder so, läßt ihn vermuten, es werde langsam gehen oder schnell, alles, um sein Herz zu verwirren und selber um so sicherer zu siegen.

Im Einzelkampf wiederum wählt man je nach Gelegenheit die verschiedensten Taktiken, holt bald aus wie zu einem Hieb, bald wie zu einem Stich, oder man tut, als wolle man auf den Gegner eindringen, bis man ihn völlig verwirrt hat, und nun siegt man nach Belieben.

Dies sind die wichtigsten Punkte hierbei. Es versteht sich, daß sie Übung brauchen.

| Die drei Kampfschreie |

Bei den drei Schreien unterscheiden wir diejenigen vor, in und nach dem Kampf; je nach Zeitpunkt sind sie anders.[46] Der Schrei macht Mut; deshalb schreien wir bei einer Feuersbrunst, schreien wir gegen den Sturm und die Wogen. Der Schrei beweist Kraft.

In der Schlacht klingt der Schrei vor Kampfbeginn so furchterregend wie möglich, während des Kampfes leiser, von tiefer herauf; der Schrei nach dem Sieg erschallt dann wieder laut und kräftig. Dies sind die drei Schreie.

Auch im Gefecht mit einem einzelnen schleudert man, den Gegner zu erschüttern, ganz zu Anfang, nämlich in dem Augenblick, da man sich loszuschlagen anschickt, ein gellendes »Eh!« heraus; woraufhin auf der Spur des Schreis das Langschwert niedersaust. Und hat man den Gegner geschlagen, folgt abermals ein Schrei; es ist der Schrei, der den Sieg verkündet. Soweit die Schreie vor und nach dem Kampf. Gleichzeitig mit der Schwertbewegung erfolgt kein Schrei. Es sei denn mit leiser Stimme, um in den richtigen Rhythmus zu kommen. Was zu üben ist.

---

46 Aus der damaligen Zeit überliefert ist nur der Schrei vor dem Kampf; er lautet »Eh!« (nahe bei einem schleifenden, nicht-diphthongierten »E–i!«). Als Schrei während des Kampfes könnte ein kurzes, gestoßenes »Ya!«, als Schrei nach dem Kampf ein gelängtes »Tô!« verwendet worden sein.

| In den Gegner »eindringen« |

In der Schlacht, wenn die Truppen einander gegenüberstehen und die gegnerischen stark sind, greift man sie von nur einer Seite her an und dringt auf sie ein, bis man bemerkt, daß sie zusammenbrechen, worauf man von ihnen abläßt und den Angriff auf eine andere Stelle lenkt, an der der Gegner stark ist; und immer so hin und her wie in Zickzackkehren am Berg.

Hat man es als einzelner mit mehreren Gegnern zu tun, so gilt das gleiche. Ohne diesen oder jenen schon ganz zu besiegen, drängt man sie zur Flucht, wobei man sich den jeweils Stärksten vornimmt, auf seinen Rhythmus eingeht, um dergestalt, wie im Zickzack bald nach links und bald nach rechts sich wendend, die Gruppe im ganzen einzuschätzen und sie schließlich anzugreifen. Unablässig zuschlagend, entschlossen, nicht im geringsten zurückzuweichen, besitzt man alle Vorteile für einen kraftvollen Sieg.

Auch im Einzelkampf, besonders bei einem starken Gegner, wenn man bereits dicht an ihm ist, kommt es darauf an, keinen Schritt nachzugeben, sondern weiter auf ihn einzudringen. Was man genau bedenken sollte.

Den Gegner zerschmettern

Sieht man den Gegner für schwach an, so steigert dies die eigene Kraft, und man zerschmettert ihn.

Wenn man in der Schlacht erkennt, daß die Gegner gering an Zahl oder daß ihrer zwar viele sind, aber alle verwirrt und kraftlos, fährt man mit einem wilden Angriff auf sie los und schlägt sie ausnahmslos zusammen. Ist der Angriff zu schwach, werden sie wieder aufkommen. Es gilt, sich diese Technik ganz zu eigen zu machen. Was zu üben ist.

Auch im Kampf von Mann zu Mann, wenn der andere weniger erfahren oder aus dem Rhythmus geraten ist und zurückzuweichen beginnt, darf man ihm keine Atempause gönnen, sondern muß ihn stracks zerschmettern, noch ehe er einen anzublicken wagt. Vor allem verhindere man, daß er sich aufrichtet. Worauf man achten sollte.

Der Wechsel zwischen Berg und Meer

Von »Berg und Meer« zu sprechen meint hier: Im Kampf mit dem Gegner das gleiche vielfach zu wiederholen ist von Übel. Etwas zweimal zu tun, das mag noch angehen, nicht jedoch ein drittes Mal. Hat eine auf den Gegner angewandte Taktik beim erstenmal keinen Erfolg gehabt, wird sie auch jetzt bei einem neuerlichen Angriff keine vorteilhafte Wirkung zeigen. Man wähle ungescheut eine andere Taktik, und sollte diese abermals nichts fruchten, wechsle man zu einer wieder anderen. Daher: Man greife an als Meer, wenn der Gegner den Berg erwartet, und erwartet er das Meer, sei man ihm der Berg. Was gut bedacht sein will.

| Den Boden ausstoßen |

Beim Kampf mit dem Gegner mag es zwar so scheinen, als werde man, gestützt auf die Vorteile des Weges, imstande sein, den anderen zu überwinden; tatsächlich jedoch hat dieser seine Vorsätze noch keineswegs aufgegeben, ist der nach außen Unterlegene in seinem Herzen nach wie vor ungeschlagen. Weshalb man auf der Stelle versuchen muß, die eigene Taktik so zu verändern, daß man die geheimen Absichten des Gegners völlig zunichte macht, daß er das Gefühl erhält, der von Grund auf Besiegte zu sein.

Auf diese Weise wird der Boden ausgestoßen: mit dem Langschwert, aber auch mit dem Leib und dem Herzen. In der Regel dürfte das nicht zu unterscheiden sein.

Ist der Gegner innerlich von Grund auf zerstört, braucht man seinetwegen keine Sorge mehr zu haben; wo nicht, heißt es sich vorsehen. Hat er von seinen Vorsätzen auch nur die Spur zurückbehalten, wird man ihn kaum zerbrechen können.

In der Schlacht mit vielen wie im Einzelkampf muß man imstande sein, den Boden auszustoßen. Das sollte fleißig geübt werden.

| Von neuem anfangen |

Wenn man sich im Kampf mit dem Gegner verhakt hat und kein
Vorankommen mehr ist, so wirft man die ursprünglichen Absichten beiseite und entschließt sich, mit allem neu zu beginnen; die
Wahl des entsprechenden Rhythmus öffnet einem die Augen für
den Sieg. Neu anzufangen heißt: Sobald man spürt, daß keiner
mehr, weder der Gegner noch man selber, richtig bei der Sache ist,
muß man die Taktik ändern, um durch ungewöhnliche Methoden
zu siegen.

Auch in der Schlacht mit vielen kann solcher Neuanfang entscheidend sein. Dank der Kenntnis der Kampfkunst erlangt man auf der
Stelle den Durchblick. Was man sich zu Herzen nehmen sollte.

| »Rattenkopf/Ochsenschädel« |

»Rattenkopf/Ochsenschädel«[47] beschreibt eine Möglichkeit der
Kampfkunst; wenn man nämlich im Gefecht mit dem Gegner, weil
sich beide Seiten so sehr aufs Detail konzentrierten, in eine

---

47 Aus dem »Tang-shu«, den Annalen der chinesischen Tang-Dynastie (618–
907), übernommenes Metaphernpaar: Rattenkopf steht für das »Kleine«,
für das Detail, auch für Wachsamkeit; Ochsenschädel steht für das »Große«
für das Gesamte, auch für Kühnheit. Vom Samurai wurde grundsätzlich
erwartet, daß er beides beherrschte bzw. besaß; der in diesem Abschnitt
beschriebene Wechsel ist also ein Wechsel zwischen zwei Elementen der
Taktik.

verwirrte, aussichtslose Plänkelei gerät, soll man sich an Rattenkopf und Ochsenschädel erinnern und aus dem umständlich Besonderen plötzlich ins umfassend Allgemeine übergehen, das heißt: den Wechsel zwischen Klein und Groß vollziehen. Hat man dies auch immer im Herzen, für den Samurai bildet es eine Notwendigkeit. In der Schlacht mit vielen wie im Einzelkampf darf er davon nicht lassen. Was gut zu berücksichtigen ist.

| Der General kennt die Truppen |

Der Satz, daß der General die Truppen kenne, gilt nach dem Schwertweg, wie ich ihn mir denke, als eine Regel für ausnahmslos jedes Gefecht; ist man doch dank der Weisheit der Kampfkunst imstande sich vorzustellen, daß die Gegner sämtlich die eigenen Truppen wären, die man dazu bewegen kann, das zu tun, was man von ihnen erwartet. Kurzum, man behandelt den Gegner nach Belieben. Selbst ist man der General, die Gegner sind die Truppen. Das sollte man bedenken.

| Den Schwertgriff freilassen |

Den Schwertgriff freizulassen kann Verschiedenes bedeuten: daß man siegt ohne das Schwert. Oder wiederum: daß man mit dem Langschwert nicht siegt. Dem ist zur weiteren Erklärung nichts hinzuzufügen. Man muß es üben.[48]

| Ein Leib wie ein Fels |

Man nennt dies den Felsen-Leib. Wer den Weg der Kampfkunst beherrscht, ist imstande, augenblicklich wie ein Fels zu werden, daß die zehntausend Dinge ihm nichts anhaben können. Daß er nicht zu erschüttern ist. Davon mündlich mehr.

| Beschluß |

Das vorstehend Aufgezeichnete gibt lediglich wieder, was mir bei der Ausübung der Niten-Schwertkunst regelmäßig durch den Kopf geht. Ich habe diese Grundsätze hier zum erstenmal schriftlich formuliert, weshalb sie an manchen Stellen verworren klingen mögen; auch ist es nicht leicht, sie bis ins einzelne zu erläutern.

---

48 Moderne japanische Kommentatoren merken dazu an: Gemeint sei, die auf die Schwerthand gerichtete Aufmerksamkeit abzubauen, zu vergessen, daß die Hand den Schwertgriff hält.

Nichtsdestoweniger dürfte, wer den Weg erlernen will, an ihnen einen guten Ratgeber für seine Absichten haben.

Ich selber trachtete seit jungen Jahren nach dem Weg des Kriegers; an der Schwertkunst im allgemeinen übte ich meine Hand, stählte ich meinen Körper, sammelte ich die vielfältigen Erfahrungen meines Herzens. Wenn ich jedoch sehe, wie sie in den anderen Schulen sei's mit dem Mund geschickt daherreden, sei's mit den Händen ihre Kunstfertigkeiten vorführen, so werden sie Fremden damit gewiß Eindruck machen, es fehlt nur die mindeste innere Wahrhaftigkeit. Zweifellos glauben sie, sie würden auf solche Weise dahin kommen, ihren Körper zu trainieren und ihr Herz zu bilden; tatsächlich indessen ist dergleichen ein Übel für den Weg, nie wieder wird es verschwinden, vielmehr die Ursache dafür sein, daß der eigentliche Weg der Kampfkunst verfällt und zugrunde geht.

Der wahre Schwertweg ist es, mit dem Gegner zu kämpfen und zu siegen; an dieser Regel kann nicht die geringste Veränderung stattfinden. Wer die Weisheit meiner Kampfkunst beherrscht und getreulich an ihr festhält, der wird keine Mühe haben, den Sieg zu erringen.

Am zwölften Tag des Fünften Monats
im Jahre Shôhô 2.
Zu Händen von Terao Magonojô
Shimmen Musashi

DAS BUCH
WIND

Worin Miyamoto Musashi
die in anderen Schwertkampfschulen
seiner Zeit geübten Techniken
einer kritischen Betrachtung
unterzieht.

Zur Kampfkunst gehört es, daß man Kenntnis hat von den Wegen der verschiedenen anderen Schulen; daher gedenke ich, das, was über sie zu sagen ist, in dem hiermit beginnenden »Buch Wind« auszubreiten. Wenn man von den anderen nichts weiß, wird es schwerhalten, den Weg meiner Niten-Schule wahrhaft zu begreifen.

Betrachten wir die Kampfkünste der anderen, so sind da Schulen, die ihre Übungen auf das übergroße Langschwert, also ganz auf körperliche Kraft konzentrieren. Oder es gibt Schulen, in denen man sich mit dem »Kodachi«, dem kleineren Langschwert,[49] um den Weg bemüht. Von einigen auch wird eine Vielzahl von Schlagabfolgen gelehrt, wobei sie Ausgangspositionen wie »Außenseite« und »Tiefe« unterscheiden. Daß dies alles mit dem wahren Weg nichts zu tun hat, werde ich im folgenden zuverlässig nachweisen; ich werde deutlich machen, was gut und übel, was richtig und was falsch ist. Die Prinzipien meiner Schule sind von jenen völlig verschieden.

Die anderen betreiben die Schwertkunst zu ihrem Lebensunterhalt, sie schmücken den Weg mit Farben, sie lassen Blumen an ihm erblühen, sie nutzen ihn als eine verkäufliche Ware. Wäre das denn aber der wahre Weg? Ebenso neigt alle Welt dazu, sich auf die Schwerttechnik im engsten Sinne zu beschränken, als brauchte es nur die Übung im Schwingen des Schwertes, nur den Einsatz des Körpers, nur die Geschicklichkeit der Hand, um den Sieg zu erlangen. Nichts von alledem gehört zum eigentlichen Weg. Und

49 So die wörtliche Übersetzung; s. auch Kommentarteil (»Waffen«).

ich werde in diesem »Buch Wind« einzeln die Mängel darlegen, die den anderen Schulen anhaften. Woraus, bei gründlichem Studium, ein um so besseres Verständnis für die Prinzipien meiner Zwei-Schwerter-Schule zu erhoffen ist.

Die Benutzung des übergroßen Langschwerts in anderen Schulen

In gewissen anderen Schulen hat man eine Vorliebe für das übergroße Langschwert. Von meiner Kampfkunst aus gesehen, ist dies die Art der Schwachen. Denn sie bevorzugen das übergroße Langschwert, weil sie das Prinzip, wonach der Gegner wie auch immer zu besiegen ist, nicht begriffen haben, sich statt dessen aber in der Hoffnung wiegen, sie könnten, dank der übergroßen Länge des Schwertes, den Gegner aus der Ferne überwinden. »Jeder Zoll mehr«, heißt es, »schafft Überlegenheit.« Freilich reden das die, die vom Schwertweg keine Ahnung haben.

Dabei ist es so, daß die Vorstellung, man werde ohne die Grundsätze der Schwertkunst allein durch die Klingenlänge über die Entfernung hin siegen, eher der Strategie von Feiglingen ähnelt; hat sie doch ihre Ursache in einer Schwäche des kämpferischen Geistes.

Wenn es zum Beispiel schon so weit ist, daß man auf nächste Distanz mit dem Gegner ringt, besitzt das Langschwert einen nur mehr beschränkten Wirkungskreis, ja es wird einem zur Last, und man steht schlechter da als einer, der ein kleineres Seitschwert[50] in der Hand hat. Und wo jemand seine Vorliebe für das übergroße Langschwert verteidigt, geschieht das aus bloßer Selbstgefälligkeit. Sieht man es aus dem Blickwinkel der Realität dieser Welt, so mangelt ihm jede Vernunft. Muß denn einer, der kein langes Schwert bei sich hat, mit einem kurzen Schwert notwendigerweise der Unterlegene sein? Wenn einem zum Beispiel der Kampfplatz von vorn und hinten und von den Seiten her verstellt ist, oder man über nichts als das Seitschwert verfügt: selbst dann noch an das bevorzugte übergroße Schwert zu denken bedeutet, daß man in die Kampfkunst kein Vertrauen hat, und also ist es falsch. Zudem gibt es Männer, deren Kraft zu gering ist, um ein übergroßes Langschwert überhaupt zu führen.

Seit alters heißt es: »Das Große steht zugleich für das Kleine.« Und wirklich ist es nicht so, daß ich das übergroße Schwert verabscheute; aber ich habe etwas gegen eine Einstellung, die die übergroße Klinge bevorzugt. Auf die Schlacht mit vielen angewandt, bedeutet das lange Schwert eine Armee, das kurze einen Trupp. Aber ist denn ein Gefecht zwischen einem Trupp und einer Armee nicht durchaus ernst zu nehmen? Es gibt Beispiele genug, daß die wenigen die vielen besiegten. In meiner Schule sind jene engstirnigen Anschauungen verpönt. Was zu beherzigen ist.

---

50 Jap. »Kowakizashi«, mit etwa 35 Zentimeter langer Klinge; s. auch Kommentarteil (»Waffen«).

Was die anderen Schulen
das »starke Langschwert« nennen

Daß es unter den Langschwertern das »starke Langschwert« und das »schwache Langschwert« gäbe, trifft nicht zu. Ein willentlich kraftvoll geschwungenes Langschwert ist ein ungestümes Ding. Und mit Ungestüm allein siegt es sich schwer. Ja, man spricht vom starken Langschwert; nur: Wenn es Zeit ist, den Gegner zu töten, und man versucht, einen gewaltsam heftigen Schlag zu tun, gerade dann wird man unfähig dazu sein. Bei Probeschlägen ebenso erweist sich der allzu kräftige Hieb als untauglich. Gegen wen auch immer, in keinem Falle wird man, wenn es um Leben oder Tod geht, Überlegungen darüber anstellen, ob man schwächer oder stärker zuschlagen soll. Hat man sich einmal vorgesetzt, den Gegner zu töten, so denkt man nicht bewußt an einen heftigen Hieb, natürlich auch nicht an einen kraftlosen Schlag, sondern allein daran, daß der Gegner davon stirbt. Führte man hingegen ein ausschließlich von Stärke erfülltes Langschwert und träfe damit das parierende Schwert des Gegners, hätte das, bei dem übermäßigen Aufprall, unvermeidlich nachteilige Folgen. Die gegnerische Klinge würde zwar weggeschlagen, aber das eigene Schwert gleichfalls aus dem Takt gebracht. Mit anderen Worten: Auf ein sogenanntes Langschwert der Stärke zu vertrauen hat keinen Sinn.

Auch in der Schlacht mit vielen gilt: Wenn man eine schlagkräftige Truppe zusammenzieht und sie, auf ihre Stärke setzend, in den Kampf schickt, wird der Gegner desgleichen seine besten Krieger heranbringen, damit diese ihrerseits ihre Stärke beweisen. Doch unter welchen Umständen immer, ohne die richtigen Prinzipien ist kein Kampf zu gewinnen.

In meiner Schule ist es nicht üblich, irgend etwas gewaltsam zu betreiben; man hält sich an die Weisheit der Kampfkunst, und damit ist man sicher, nach Belieben den Sieg zu erringen. Was anzustreben ist.

Die Benutzung des kürzeren Langschwerts in anderen Schulen

Allein mit einem kürzeren Langschwert siegen zu wollen entspricht nicht dem wahren Weg.

Seit alters unterscheidet man zwischen »Tachi« und »Katana«, dem langen und dem kurzen Schwert.[51] Die kräftigen Männer heutzutage schwingen mühelos das große Langschwert, also besteht für sie kein Anlaß, sich unbedingt mit dem kürzeren anzufreunden. Aus diesem Grunde benutzen sie das größere, besitzen daneben aber auch die Lanze und das Lanzenschwert. Manche versuchen, mit Hilfe des kürzeren Langschwerts Lücken zwischen die vom Gegner geschwungenen Langschwerter zu schlagen, um dann vorwärtszuspringen und auf ihn einzudringen; doch das ist engstirnig gedacht und deshalb von Übel.

Überhaupt ist es unangenehm, wenn man nach einer Schwachstel-

---

51 S. Kommentarteil (»Waffen«).

le Ausschau hält, dabei aber zusehends ins Hintertreffen und in die Gefahr gerät, sich mit dem Gegner heillos zu verstricken. Auch erweist sich die Absicht, mit dem kürzeren Langschwert auf den Gegner einzudringen, ihn zu stellen, gerade dann als völlig nutzlos, wenn es sich um einen Kampf gegen viele handelt. Die Hoffnung, man könnte mit dem kürzeren Langschwert ganze Truppen erledigen, indem man nach Belieben unter ihnen umherspringt, hat noch stets zur Folge gehabt, daß diese Taktik den gegnerischen Widerstand erst recht provozierte; mit dem wahren Weg jedenfalls hat das nichts zu tun. Da würde man unter denselben Umständen kraftvoll und ohne Umschweife auf die Gegner losgehen, würde sie vor sich hertreiben, sie in die Flucht jagen und sich unter Ausnutzung ihrer Verwirrtheit den Sieg sichern. Das gilt auch für die große Schlacht. Mit überraschender Plötzlichkeit läßt man die eigenen Truppen angreifen, und sie zerschmettern den Gegner im Augenblick; so entspricht es dem Geist der Kampfkunst.

Heutzutage lernen die Leute dort für gewöhnlich nur, wie zu parieren und zu retirieren, wie auszuweichen und zu entkommen sei, so daß sie im Gefecht sogleich in Abhängigkeit geraten und man mit ihnen umspringt nach Belieben. Der Weg der Kampfkunst verlangt Geradheit und Festigkeit; indem man die wahren Prinzipien befolgt, jagt man selber den Gegner und zwingt ihn zu tun, was man will. Das ist zu beachten.

Die vielerlei
Langschwerttechniken der anderen Schulen

Daß die anderen Schulen ein Vielerlei von Langschwerttechniken vermitteln, geschieht, weil sie ihren Weg wie eine Ware verkaufen wollen; sie erklären, sie kennten eine Menge verschiedener Methoden, und damit hoffen sie, die tiefe Bewunderung der Anfänger zu erregen. Dergleichen ist der Kampfkunst zuwider. Denn die Vorstellung, da wären verschiedene Arten, jemanden mit dem Schwert zu töten, trägt nur zur Verwirrung bei. Es gibt keine wechselnden Wege in dieser Welt, wie ein Mensch zu erschlagen sei. Ob Wissende oder Nichtwissende, selbst Frauen und Kinder: Was den Weg angeht, nach dem man kämpft und tötet, so ist er für sie alle in nichts unterschieden. Und das ist auch dann nicht anders, wenn es sich um ein Zustechen mit der Lanze oder um ein Niedermähen mit dem Lanzenschwert handelt. Da es das erste Ziel des Schwertwegs ist, den Gegner zu töten, besteht kein Anlaß zu einer Vervielfältigung der Methoden.

In Rücksicht auf den Platz indessen, auf die Umstände, ob zum Beispiel der Raum verstellt ist nach oben zu oder an den Seiten, so daß es ein Problem wird, das Langschwert zu benutzen, sollte man dann stets die Posituren der fünf Richtungen parat haben. Was über diese hinausgeht, das Krümmen des Handgelenks, die Drehung des Körpers, das Aufspringen und Sichzurückwerfen, all diese zusätzlichen Tricks, sie führen nicht dazu, den Gegner zu erschlagen, sie haben nichts mit dem wahren Weg zu tun. Vom Krümmen und Drehen, vom Aufspringen und Sichzurückwerfen wird kein Gegner getötet, nichts davon trägt dazu bei, den Sieg zu erringen. In meiner Schule der Kampfkunst hält man sich selber körperlich und geistig gerade und sorgt dafür, daß sich der Gegner krümmt und windet, bis er das innere Gleichgewicht verliert; in diesem Augenblick hat man ihn besiegt. Das gilt es zu bedenken.

Die Posituren
des Langschwerts in anderen Schulen

Die Schwertposituren für das Wichtigste zu achten ist falsch. Eigentlich existieren solche Haltungen nur, solange es keinen Gegner gibt. Wie Beispiele seit alters zeigen, liegt das daran, daß sich bei kämpferischen Auseinandersetzungen keine festen Regeln aufstellen lassen, etwa indem man erklärt, dies oder das sei gegenwärtig die Vorschrift. Man verfährt einfach so, daß der andere in die Klemme geraten muß.

In den meisten Fällen bedeutet der Begriff Positur: Hierdurch soll einem unzeitigen Schwanken vorgebeugt werden. Man errichtet ein Schloß, man errichtet ein Feldlager, und selbst wenn der Gegner angreift, bricht man in keine heftige Bewegung aus. Dies ist die allgemein übliche Bedeutung. Im Kampf um Sieg oder Niederlage indessen ist alles Trachten darauf gerichtet, auf welche Weise auch immer die Führung an sich zu reißen. In Positur zu gehen heißt, darauf zu warten, daß man in die Führung gelangt. Worüber man sich im klaren sein sollte.

Um entsprechend der Kampfkunst zu siegen, muß man die Positur des Gegners erschüttern, muß ihm innerlich hart zusetzen, muß ihn verunsichern oder wütend machen, dann wieder ihn einschüchtern und seinen sich verwirrenden Rhythmus zum eigenen Vorteil benutzen, auf daß man ihn bezwingt; demgegenüber ist, wer unter Beharren auf der Positur ins Hintertreffen gerät, zu verachten. Weshalb ich in meiner Schule von der Haltung der Nichthaltung spreche.

Auch in der Schlacht mit vielen kommt es darauf an, daß man die Zahl der gegnerischen Truppen richtig einschätzt, ihre Positionen auf dem Kampfplatz erkennt und weiß, wieviel Truppen man selber hat; und indem man diese entsprechend ihren Fähigkeiten Aufstellung nehmen läßt, wird der Kampf eröffnet. Zuerst angegriffen zu werden ist ganz anders, als wenn man selber angreift. Man geht mit den Langschwertern in Positur, um die gegnerischen Hiebe zu parieren und abzuschmettern; dazu setzt man die Lanzen und die Lanzenschwerter so ein, daß sie eine Art Palisade bilden. Greift man selber aber den Gegner an, kann es vorkommen, daß man sogar Zaunpfähle ausreißt und sie als Lanzen oder Lanzenschwerter benutzt. Was gut zu beherzigen ist.

Der Blick
und seine Ausrichtung in anderen Schulen

Je nach Schule soll der Blick auf das Langschwert des Gegners nach anderen auf seine Hand, sein Gesicht oder auf seine Füße geheftet sein. Versucht man aber den Blick ausdrücklich auf eine einzige Stelle zu richten, lenkt das nur ab, oder es entwickelt sich daraus ein Hemmnis der Kampfkunst. Wieso das? Beim Kemari[52] zum Beispiel können die Spieler, ohne ihn genau im Auge zu haben, den wie immer heranfliegenden Ball, ob nahe an ihrer Schläfe vorbei, ob so, daß sie ihm hinterherlaufen, sich nach ihm umdrehen müssen, mit einem einzigen Tritt weiterbefördern. Das heißt: Wenn man eine Sache zuverlässig beherrscht, braucht man nicht wirklich hinzustarren. Auch der Akrobat, sofern er ein Meister ist, bringt es fertig, ein Türpaneel auf die Nase zu nehmen und mit einer Anzahl von Messern Ball zu spielen, obwohl er das im einzelnen keineswegs im Blick behält; die stete Übung hat ihn dahin gebracht, daß er es sozusagen unwillkürlich wahrnimmt. Innerhalb der Schwertkunst ist es das gleiche. Man gewöhnt sich

---

52 Wörtl. »Tritt-Ball«; ursprünglich chinesisches, seit dem 7. Jahrhundert vom japanischen Hofadel, seit dem 17. Jahrhundert auch unter Shôgunatsbeamten betriebenes Spiel. Auf einem von Weide, Kirsche, Kiefer und Ahorn, den »Grundbäumen«, markierten Geviert ist der leichte, hirschlederne Ball so in die Höhe zu treten, daß er den Boden nicht berührt. »Schläfennahe«, genauer: das Schläfenhaar streifende Bälle wurden je nach Situation »mit gestrecktem Fuß«, »mit umgekehrtem Fuß« (nach einer Körperdrehung auf der Ferse) oder »am Körper entlang« fortgestoßen.

daran, mit Gegnern dieser oder jener Art zu kämpfen, man lernt die Leichtfertigkeit wie die Ernsthaftigkeit ihrer Absichten zu erkennen, und indem man so den Weg begreift, beginnt einem alles bis hin zur Ferne oder Nähe, zur Gemächlichkeit oder Schnelligkeit des Langschwertes sichtbar zu werden. In der Kampfkunst ist wichtig allein der hauptsächlich auf das Herz des anderen gerichtete Blick.

Auch in der Schlacht mit vielen kommt es darauf an, daß man die Situation der gegnerischen Truppen im Auge behält; und zwar indem man von den beiden Arten des erkennenden und des anschauenden Blicks den ersteren benutzt, um mit diesem festen Blick die Absichten des Gegners vorauszusehen, um den Zustand des Kampfplatzes zu beurteilen, um durch Erweiterung dieses Blickes den Fortgang des Kampfes zu verfolgen, um die wechselnden Stärken und Schwächen auszumachen und – gestützt auf dies alles – um so sicherer den Sieg zu erringen.

In der Schlacht wie im Einzelkampf hat der Blick aufs Kleine nichts zu suchen. Wie zuvor schon dargelegt, besteht die Gefahr, daß man im Hinschauen auf Engbegrenztes die großen Dinge aus dem Auge verliert, daß sich einem dadurch das Herz verwirrt und man den Sieg versäumt. Diese Grundsätze sind wohl zu bedenken und verdienen, daß man sich in ihnen übt.

Der Gebrauch
der Füße in anderen Schulen

Die Füße gebrauchen sie nach vielerlei Techniken; so sprechen sie etwa von schwebenden, springenden, hüpfenden, von aufstampfenden oder hin und her flatternden, immer rasch sich bewegenden Füßen. Von meiner Schule her gesehen, halte ich dies alles für unbefriedigend.

Schwebende Füße sind deshalb nicht zu akzeptieren, weil sie unweigerlich dazu führen, daß man während des Kampfes ins Gleiten gerät, und es gehört zum Schwertweg, stets fest auf seinen Füßen zu stehen. Auch springende Füße sind nicht nach meinem Geschmack; es gibt Anlässe zum Springen, doch dann wird man davon so in Anspruch genommen, daß man nicht mehr frei ist für die nächsten Bewegungen. Mehrfachsprünge erweisen sich in der Regel als unbegründet, weshalb springende Füße sogar von Übel sind. Hüpfende Füße wiederum haben etwas Launisches; damit ist kein Vorwärtskommen. Und aufstampfende Füße verabscheue ich ganz besonders, weil sie so am Ort verharren. Bleiben die hin und her flatternden und andere flinke Arten, die Füße zu gebrauchen. Indessen ist es, wenn man in Sümpfen und Mooren, an Bergbächen, auf Steingeröll oder schmalen Pfaden auf den Gegner trifft, ohnehin nicht möglich, zu springen oder zu hüpfen oder gar sich schnell zu bewegen.

Nach meiner Lehre von der Kampfkunst findet im Gebrauch der Füße keine Veränderung statt, man geht den Weg mit gewöhnlichen Schritten, je nach dem Rhythmus des Gegners: bald rascher, bald langsamer, sich anpassend, nicht zu wenig, nicht zu sehr; allerdings indem man darauf achtet, daß einem die eigenen Schritte nicht durcheinander geraten. Auch in der Schlacht mit vielen kommt es auf den richtigen Gebrauch der Füße an. Geht man nämlich, ohne die Absichten des Gegners zu kennen, mit überstürzter Plötzlichkeit zum Angriff über, so stimmt der Rhythmus nicht überein, und es fällt schwer, den Sieg zu erringen. Benutzt man andererseits einen zu langsamen Schritt, wird man den Augenblick, in dem der Gegner in Verwirrung und nahe an den Zusammenbruch gerät, unbemerkt verstreichen lassen, wird die Chance zum Sieg versäumen und nicht imstande sein, eine rasche Entscheidung herbeizuführen. Wichtig ist, daß man erkennt: jetzt ist der Gegner hilflos, jetzt steht er vor dem Kollaps; um ihm nicht die kleinste Pause mehr zu gönnen und den Sieg an sich zu reißen. Das sollte man gut bedenken.

Der Einsatz der Schnelligkeit in anderen Schulen

Schnelligkeit in der Kampfkunst hat mit dem wahren Schwertweg nichts zu tun. Wenn man hier von Schnelligkeit spricht, handelt es sich darum, daß sich einer, weil er mit dem Rhythmus nicht zurechtkommt, zu schnell oder auch zu langsam bewegt. Wer den Weg beherrscht, wird nie schnell erscheinen. Einer, den man einen Schnelläufer nennt, läuft vierzig, fünfzig Meilen. Dies jedoch nicht, indem er etwa von morgens bis abends im Schnellschritt liefe. Der im Weg noch Unerfahrene macht zwar den Eindruck, als sei er den ganzen Tag lang gerannt, das Ziel erreicht hat er jedoch nicht.

Wenn sich beim Weg des Rambu-Tanzes[53] ein Ungeübter dem meisterlich Singenden zugesellt, ist er mit Absicht langsam und doch zu schnell. Hingegen beim Schlagen der Handtrommel oder der Großen Trommel in »Oimatsu«, wiewohl hier ein getragener Rhythmus gefordert wird, ist der Neuling viel zu sehr darum bemüht, langsam zu sein; während in »Takasago«[54] bei einem raschen Grundrhythmus jede weitere Beschleunigung von Übel wäre. Wer hastet, heißt es, kommt ins Stolpern; man fällt aus dem Rhythmus, aber natürlich ist es auch nicht gut, wenn einer zu langsam wird. Diejenigen, die eine Sache beherrschen, wirken in all ihren Bewegungen gelassen; sie geraten nie aus dem Takt. Was auch immer sie tun, es ist ihnen nicht anzusehen, daß sie es etwa eilig hätten.

Aus diesen Beispielen sollte ein Grundsatz des Weges verständlich werden: Besonders in der Schwertkunst ist Schnelligkeit unange-

---

53 »Verwirrter (wilder) Tanz«; vor allem in den Stücken des Nô-Theaters, wo er begleitet wird von einem zwischen schnell und langsam wechselnden, im Grunde aber getragenen Gesang.

54 »Oimatsu« (»Alte Kiefer«) und »Takasago« (»Hoher Sand«), zwei Nô-Spiele, verfaßt von Seami Motokiyo (1363–1443); im ersteren tritt der Geist einer alten Kiefer im Kitano-Schrein in Kyôto auf, um Glück zu wünschen fürs neue Jahr, im letzteren wandert die als Mann vorgestellte Kiefer von Sumiyoshi (Ôsaka) Nacht für Nacht über die Berge zu der als Frau vorgestellten Kiefer in der Bucht von Takasago (heute eine Industriestadt westlich von Kôbe).

bracht. Je nach Örtlichkeit schon deshalb, weil man sich auf nassem oder morastigem Boden kaum flink bewegen kann. Um so weniger ist dann an ein rasches Zuschlagen mit dem Langschwert zu denken. Selbst wenn man es versucht, das Schwert läßt sich schließlich nicht wie ein eiserner Fächer oder wie ein Messer verwenden, und von einem Drauflosschlagen ist nicht das geringste zu erwarten. Was zu bedenken wäre.

Auch in der Schlacht mit vielen ist ein hastiges Beeilen von Übel. Man verfahre zunächst nach der Methode, den Gegner aufs Kissen zu drücken; das bedeutet aber keineswegs ein allzu starkes Verlangsamen. Handelt andererseits der Gegner mit sich überstürzender Plötzlichkeit, folge man ihm darin nicht, sondern bleibe um so gelassener; wichtig ist, daß man sich vom Gegner nicht mitreißen läßt. Eine Haltung, die geübt sein will.

»Außenseite« und »Tiefe« in anderen Schulen

Was wäre denn in der Kampfkunst »Außenseite« und was »Tiefe«? In anderen Künsten gibt es zwar, dies betreffend, das sogenannte »Letzte«, die geheime Überlieferung, gibt es den dahin führenden »Eingang in die Tiefe«; aber im Kampf mit dem Gegner fällt kein Hieb an der Außenseite und wird keiner vermöge der Tiefe geschlagen.

Bei der Unterrichtung in meiner Kampfkunst verfahre ich so, daß ich demjenigen, der den Weg erlernen will, zunächst die seiner Begabung entsprechenden, rasch begreifbaren Prinzipien beibringe; was schwerer einsichtig ist, damit warte ich, bis sich sein Herz entfaltet hat, und schließlich mache ich ihn von Mal zu Mal mit den tieferen Dingen vertraut. Da ich mich indessen bei meinem Unterricht vorwiegend auf selber gemachte Erfahrungen stütze, kommt darin ein »Eingang in die Tiefe« nicht vor.

Und wirklich, gedenkt man in dieser Welt die Tiefe der Berge aufzusuchen und begibt sich tief und tiefer in sie hinein, so wird man am Ende an einem anderen Eingang herauskommen. In welchen Künsten auch immer, gelegentlich stößt man auf die Tiefe; zumeist freilich gelangt man zuletzt wieder hinaus auf die Außenseite. Aber was in dieser Schwertkunst sollte verborgen, was offen dargelegt werden? Ich jedenfalls mag bei der Weitergabe des Weges von schriftlich abgelegten Schwüren und Gelöbnissen[55] nichts wissen; ich prüfe die Verstandeskräfte dessen, der den Weg erlernen will; ich lehre ihn die redliche Schwertkunst; ich sorge dafür, daß er die fünf- oder sechsfachen Verderbtheiten[56] der Kampfkunst ablegt; ich führe ihn, daß er wie von selbst auf den wahren Weg des Samurai findet und in seinem Herzen durch nichts

---

55 In anderen Schwertkampfschulen übliche Schwüre und Gelöbnisse, die die Lernenden schriftlich und mit Blut gesiegelt abzugeben hatten, so bei Schuleintritt und bei Übergang in die verschiedenen »Stufen«. Jeweils damit verbunden waren »Geldopfer«.

56 Jap. »Godô, rokudô no ashi«, wörtlich »die Übel der fünf Wege (oder der sechs Wege)«; eine Formulierung, die sich auf die fünf (nach anderer Überlieferung: sechs) Welten der Lebewesen im buddhistischen Kosmos bezieht, von den Höllenwesen ganz unten bis zu den Himmlischen ganz oben. Hier zu verstehen als verstärkter Begriff für die Gesamtheit der

zu erschüttern ist. Dies ist die Art, in der ich die Kampfkunst meiner Schule lehre. Was ein jeder wohl bedenken sollte.

| Beschluß |

Im Vorstehenden, dem »Buch Wind«, habe ich in neun Abschnitten die Kampfkunst der anderen Schulen in ihren Grundzügen niedergeschrieben; zwar hätte ich sie, Schule für Schule und von den »Eingängen« bis in die »Tiefen«, tatsächlich noch ausführlicher darlegen können, indessen verzichtete ich absichtlich darauf, die einzelnen Namen zu nennen und was in welcher Schule für das Wichtigste angesehen wird.

Es sind nämlich je nach Richtung die Ansichten, je nach Gruppierung die Argumente, und diese wiederum von Person zu Person und rein aus Gefühl, so verschieden, daß sich selbst innerhalb ein und derselben Schule mehr oder weniger gegensätzliche Standpunkte ergeben; weshalb ich, im Interesse späterer Generationen, von einer aufzählenden Beschreibung solcher Details Abstand nahm.

Vielmehr faßte ich die in den anderen Schulen herrschenden generellen Tendenzen in neun Kategorien zusammen, um sie in der geläufigen, auf den einfachen Menschenverstand gestützten Weise darzustellen. Damit zeigte ich, daß ihre Methoden, sich entweder dem übergroßen oder dem kurzen Langschwert, der Stärke oder der Schwäche, dem Offenen oder dem Begrenzten zuzuneigen, viel zu einseitig sind, auch ohne die »Eingänge« und die »Tiefen« der anderen Schulen aufzudecken; dies zumindest ist es, was jedermann von ihnen wissen sollte.

In meiner Niten-Schule gibt es zum Langschwert keine »Tiefe« und keinen »Eingang«, gibt es auch kein Geheimnis der Positur. Wichtig ist allein, mit ganzem Herzen der Tugend des Schwertes innezuwerden. Das macht das Wesen der Kampfkunst aus.

Am zwölften Tag des Fünften Monats
im Jahre Shôhô 2.
Zu Händen von Terao Magonojô
Shimmen Musashi

DAS BUCH
LEERE

Worin Miyamoto Musashi
dem Gewölbe seiner Schwertkunstlehre
den Schlußstein einsetzt.
Oder: Vom letzten Sinn des Weges.

In diesem »Buch Leere« beschreibe ich das Wesen des Schwertwegs nach der Nitô-ichiryû-Schule.

Leere bedeutet die Nicht-Existenz aller Dinge, das Nicht-Erkenn-
bare.[57] Sie ist mithin das Nichts. Indem ich um das Existierende
weiß, weiß ich um das Nicht-Existierende und also um die Leere.
Hingegen in der Welt hält man gemeinhin für die Leere, was man
nicht begreift; doch da irrt man sehr, das ist nicht die wahre Leere.
In der Schwertkunst gilt gleichermaßen: Wer den Weg des Kriegers
geht, aber das Gesetz des Samurai nicht kennt, wird, da er nicht
in der Leere ist, vielerlei Irrtümern unterliegen und für die Leere
halten, was ihm zu schaffen macht. Auch dies indessen hat nichts
mit der wahren Leere zu tun.

Erst wenn sich einer die Schwertkunst zuverlässig angeeignet hat,
wenn er sich in den verschiedenen anderen Kriegskünsten ebenso
mit Fleiß geübt hat, wenn ihm hinsichtlich der Aufgaben des
Samurai nichts mehr dunkel, wenn in seinem Herzen keinerlei
Irrtum mehr ist, wenn er Tag für Tag und allzeit ohne Unterlaß
beide Geisteshaltungen, die leichte wie die schwere, weiter bildet
und beide Blicke, den anschauenden wie den erkennenden, weiter
schärft, um die Wolken der Irrtümer vollends zu verjagen – erst
dann erreicht er den Zustand, den man als denjenigen der wahren
Leere bezeichnen könnte.

Solange er nicht zum wahren Weg erleuchtet ist, sei es der Weg

---

57 In einem späteren Nitô-ichiryû-Kommentar heißt es zu dieser Stelle: »Die
    Kampfkunst besitzt wesentlich eine extreme Gestaltlosigkeit, sie ist Nicht-
    Gestalt durch und durch.«

Buddhas, sei es der Weg irdischer Vernunft, wird jeder ganz selbstverständlich den eigenen Weg für den richtigen halten und glauben, damit sei alles gut; bemüht er jedoch den geraden Sinn seines Herzens und legt er den denkbar umfassendsten Maßstab an, so erweisen sich diese sämtlichen Wege als gestützt auf jeweils persönliche Vorlieben und entsprechend verzerrte Ansichten, als solche also, die dem wahren Weg zuwiderlaufen. Indem er dies begriffen hat, wird er, die Geradheit als das Fundament und das unverfälschte Herz als den Richtweiser, die Kampfkunst weithin verbreiten, wird aufrecht und klar sein Urteil fällen über die Dinge und erkennen, daß die Leere der Weg und der Weg die Leere ist. Der Leere eignet Gutes, kein Böses. Wir haben Weisheit. Wir haben Vernunft. Wir haben den Weg. Das Zentrum ist die Leere.

Am zwölften Tag des Fünften Monats
im Jahre Shôhô 2.
Zu Händen von Terao Magonojô
Shimmen Musashi

KOMMENTARE

Kendô
Samurai
Schulen
Waffen
Wege

| Kendô |

Wörtlich: »Schwert-Weg«; Begriff für den spezialisierten Umgang mit dem Schwert, auch Bezeichnung des Schwertkämpferkodex. Bei Miyamoto Musashi wird der Begriff noch beschreibend gebraucht in Formulierungen wie Tachi no michi (»Weg des Langschwerts«)[1] u. ä., häufiger aber ersetzt durch andere Begriffe wie Kenjutsu (»Schwert-Technik«) oder Heihô (»Krieger-Gesetz«); letzteres sowohl in diesem engeren Sinne als auch erweitert auf den Umgang mit sämtlichen Waffen einschließlich ihres taktischen Einsatzes.

Seit Mitte des 18. Jahrhunderts versteht man unter Kendô vornehmlich das Übungsfechten mit dem Stock.

Ursprünglich wurden die Fähigkeiten in den Kampfkünsten zusammenfassend als Butoku (»Militär-Tugenden«) bezeichnet. Bei Anlage der neuen Hauptstadt Heian-kyô (später Kyôto) nach 793 entstand seitlich des Inneren Palasts eine Butoku-Halle mit einem vorgelagerten Platz für Reiter- und Bogenschützenwettkämpfe (ein Nachbau dieser Halle aus dem Jahre 1899 befindet sich heute im Heian-Schrein in Kyôto).

Eine Aufgliederung der einzelnen Waffen-»Wege« erfolgte nur allmählich und entsprechend ihrer zunehmenden Bedeutung (s. Stichwort »Waffen«); für den Schwertkampf war zunächst die aus dem Chinesischen übernommene Bezeichnung Kempô (»Schwert-Gesetz«) üblich, zu anderen schon genannten kamen Kengi

---

1 S. auch Stichwort »Wege«.

(»Schwert-Geschicklichkeit«) oder Gekken (»Schwert des An-griffs«). Vom 15. Jahrhundert an überwog Kenjutsu.

Schon im »Nihonshoki« (»Japanische Annalen«, kompiliert zu Anfang des 8. Jahrhunderts) ist vom Gebrauch auch des Kidachi (»Holz-Schwert«) die Rede, später spricht man in derselben Bedeu-tung vom Kigatana oder Bokutô; nachweisbar ist des weiteren ein Chikutô (»Bambus-Schwert«). Während diese durchaus nicht nur zur Übung benutzt wurden – auch Miyamoto Musashi bediente sich gelegentlich eines Kidachi, um einen Gegner zu erschlagen –, war der zwischen 1750 und 1770 gleichzeitig mit entsprechender Schutzkleidung und -maske entwickelte Shinai (»der Biegsame«) ein ausgesprochenes Ersatzgerät: ein aus gespaltenem, mit Leder umhülltem Bambus bestehender »Stock«, der die federnde Eigen-schaft des japanischen Schwertes besaß, ohne daß seine Schläge den Übungsgegner ernsthaft verletzt hätten. Bald verbreitete sich diese Art des Stockfechtens in allen Schwertkampfschulen.

Mit dem Ende des Kriegeradels nach 1868 (s. Stichwort »Samurai«) schien auch das Kendô-Stockfechten unterzugehen. Schon exi-stierten nur noch wenige »Schulen«, da verhalf die wachsende Be-wunderung des Westens für diese Kampfkunst zu einer Wende. 1895 gründete sich die Gesellschaft Dainippon Butokukai, 1911 wurde Kendô in den Sportunterricht der Gymnasialklassen aufge-nommen, 1912 der Regelkatalog festgelegt; 1928 entstand der All-japanische Studentische Stockfechterbund (»Zennihon Gakusei-kendôremmei«), und mit Umwandlung der bisherigen Grundschu-len in Kokumingakkô (»Volks-Schulen«) 1941 wurde Kendô als Teil der »vormilitärischen Ausbildung« auch dort Unterrichtsfach.

1945 von der Besatzungsmacht verboten wie alle Formen der »den Militarismus propagierenden« Kampfkünste, überlebte das Stockfechten zunächst als Shinai-kyôgi (»Wettkampf mit dem Stock«). 1952 kam es zu einem Wiederaufleben in der alten Form, der Dachverband nannte sich nun Zennihon Kendôremmei (»Alljapanischer Stockfechterbund«); 1954 wurde er in die Nihon Taiikukyôkai (»Japanische Sportvereinigung«) aufgenommen.

| Samurai |

Wörtlich: »Dienender«, »Aufwartender«. Bereits vor dem 10. Jahrhundert Bezeichnung für die Palast- und Präfekturwachen, ging der Begriff auf die Gefolgschaft des Schwertadels über, der schließlich Mitte des 12. Jahrhunderts der Hofaristokratie die politische Führung entriß und 1190 unter dem Shôgun (»General«) Minamoto no Yoritomo (1147–1199) die erste Militärstatthalterschaft errichtete.

In der neuen, bald auch kulturtragenden Adelsschicht der vom Shôgun lehnsabhängigen Bushi (»Krieger«), auch Buke (»Militärhäuser«), bildete der Samurai zwar die ideelle Grundfigur; doch genannt wurden so nur die niederen Vasallen, die Oberen schufen sich neue Ämter und Titel. Die zunächst beamteten Provinzgouverneure handelten vom frühen 14. Jahrhundert an wie die Fürsten oder Daimyô (wörtlich: »großer Name«) und betrachteten das ihnen unterstellte Land als ihr Clansgebiet, das die nun auf sie eingeschworenen Samurai zu schützen hatten. Es kam zu Fehden zwischen den Clans; um 1470 versank das Reich für etwa hundert Jahre (»Zeit der streitenden Provinzen«) in blutige Machtkämpfe. In der Schicht der Samurai gewann der sich ausbreitende Zen-Buddhismus an Einfluß; die dem Daimyô geschuldete Treue verstärkte das Gefühl, eine Elite zu sein.

Andererseits drängten von unten die Ashigaru (»Leichtfüßige«, nämlich Kriegsknechte) herein, vor allem Bauern aus den Clansdörfern. Nachdem Toyotomi Hideyoshi (1536–1598), Sohn eines Ashigaru, als Heerführer das Reich befriedet und 1586 das Amt des Großkanzlers übernommen hatte, befahl er eine großangelegte Katanagari (»Schwertjagd«): Wer nach reformiertem Kataster Land besaß, war ein Bauer, ihm wurden die Waffen abgenommen; die Schwertträgerschaft beschränkte sich von nun an auf die einem Daimyô (oder dem Shôgun) dienenden Samurai, die Ashigaru bildeten unterhalb von ihnen eine besondere Gruppierung. Hierauf aufbauend gliederte sich die Nation unter dem Shôgunat der Tokugawa, begründet 1603 von deren erstem Clanschef Ieyasu (1542–1616), in die vier Stände der Bushi, der Bauern, der Handwerker und zuunterst der Kaufleute. Alle Politik und Verwaltung lag in den Händen der Krieger, und obwohl oder auch weil sich die folgenden zweieinhalb Jahrhunderte der Abschließung gegenüber der Welt zu einer Periode tiefsten Friedens entwickelten, wurde der Begriff des Samurai jetzt zum Idealtypischen gesteigert, gewann die Ethik des Bushidô (»Weg des Kriegers«) ihre endgültigen Inhalte: Vollkommenheit im Umgang mit den Waffen, Selbstzucht, Nichtachtung des Todes, vor allem unbedingte Loyalität der Unteren gegenüber den Oberen, der Daimyô-Fürsten gegenüber dem Shôgun, der Clanskrieger gegenüber ihrem Fürsten, sowie Rechtschaffenheit und Schlichtheit.

Mit dem Aufkommen eigener Schwertkampfschulen (s. Stichwort »Schulen«) hatte sich allmählich eine japanische »Kriegerlehre« herausgebildet. Man studierte die sieben Militärklassiker der Chinesen (Schriften unterschiedlichen Charakters aus der Zeit zwischen dem 6. Jahrhundert v. Chr. und dem 7. Jahrhundert n. Chr.); seit der Mitte des 16. Jahrhunderts waren Regelbücher für die Schwertkampftechniken entstanden, die kriegführenden Clansherren hatten sich Kahô (»Hausgesetze«) geschaffen, die nach chinesisch-konfuzianischem Beispiel auch die »Tugenden des Kriegers« definierten. Am Ende dieser noch an der kämpferischen Praxis ausgerichteten Tradition standen die »Fünf Ringe« des Miyamoto Musashi von 1645. Elf Jahre später bereits konnte der gelehrte Samurai und Altkonfuzianer Yamaga Sokô (1622–1685),[2] unbelastet vom blutigen Kriegshandwerk als solchem, in seinem »Bukyô-zensho« (»Enzyklopädie der Kriegerlehre«) den Grund legen für die klassische Ausprägung des Bushidô, die dann Yama-

2 Yamaga wurde 1665 wegen seiner Kritik am Tokugawa-Shôgunat für einige Jahre nach Akô, dem westjapanischen Sitz seines Heimatclans, verbannt. Als 1701 der Herr dieses Clans auf Befehl des Shôguns Seppuku begehen mußte, weil er gegen einen Beleidiger im Palast die Waffe gezogen hatte, nahmen seine Samurai blutige Rache; in einer Schneenacht 1703 überfielen sie sein Anwesen, schlugen ihm den Kopf ab und begingen, alle 47, zum Zeichen ihrer Treue ebenfalls Seppuku. Damit folgten sie als die »Getreuen Samurai von Akô« dem von Yamaga gesetzten Ideal. Der Vorfall wurde immer wieder in Romanen und Dramen dargestellt.

moto Jôchô (oder Tsunetomo, 1659–1719) einem seiner Schwert-schüler in den Jahren 1710–1716 als »Hagakure-kikigai« (»Auf-zeichnungen aus dem Laubversteck«) in den Pinsel diktierte. Hier im »Hagakure«,[3] wie der Titel heute lautet, findet sich die berühmte Formulierung: »Der Weg des Kriegers, habe ich erkannt, bedeutet zu sterben.« Woraus sich ergibt: »Steht es zwischen Tod und Leben unentschieden gleich zu gleich, beendest du den Zustand besser dadurch, daß du auf der Stelle stirbst.« Und: »Wer nicht von lang her zum Tod entschlossen ist, der wird mit Gewißheit einen bösen Tod sterben. Wer aber seine Tage im Gedanken ans Sterben verbringt, wie könnte der sich häßlich aufführen?« Andere ähnli-che Schriften kamen hinzu; zumeist in nur handschriftlicher Fassung vorliegend, waren sie Richtschnur und Stütze der ver-schiedenen Clans und ihrer Samurai.

Bis zum Ende des Shôgunats weitete sich die geistige Bildung der Kriegerschicht; vielerorts beteiligten sich nicht nur die durch Daimyatsaufhebungen herrenlos gewordenen Rônin, zeitweilig zu Tausenden »umherwandernde« Samurai, an sozialen Unruhen, auch die beamteten Bushi erkannten ihre Eliteverantwortung, und aus ihren Reihen kamen schließlich jene, die mit der Landesöff-nung und der imperialen »Restauration« von 1868 die Heraufkunft eines neuen, mit westlichen Zügen durchmischten Staates be-

---

3 Auszüge daraus englisch als Taschenbuch: Yamamoto Tsunetomo: »Haga-kure – The Book of the Samurai«, Tôkyô 1983. S. auch Y. Mishima; »Zu einer Ethik der Tat. Einführung in das ›Hagakure‹, die Samurai-Lehre des 18. Jahrhunderts«, München 1987.

schleunigten. Damit war freilich zugleich das Schicksal des eigenen Standes besiegelt. Während einem kleineren Teil, wie auch den ehemaligen Daimyô, ein neuer Verdienstadel verliehen wurde, verlor die Masse des 1872 noch 400 000 Haushalte mit 1,9 Millionen Personen umfassenden Samurai-Adels (bei 34,8 Millionen Gesamtbevölkerung) nach und nach alle Vorrechte. Seine bisherigen Naturaleinkünfte wurden in rasch verfallende Pensionspapiere verwandelt; 1876 traf ihn das Verbot des Schwerttragens, seit 1882 war er vor den Gerichten, seit 1914 auch familienrechtlich dem einfachen Bürger gleichgestellt.

Im Jahre 1900 erschien auf englisch das Buch »Bushidô – the Soul auf Japan«.[4] Verfasser war der zum Christentum übergetretene Erzieher und Agrarpolitiker Nitobe Inazô (1862–1933), der später lange Jahre als stellvertretender Generalsekretär des Völkerbunds in Genf amtierte. Mit seiner Darstellung nahm die bis heute nicht abgeschlossene Samurai-Diskussion im Westen ihren Anfang.

4 Als Taschenbuch (englisches Original) Rutland, Vermont & Tôkyô 1983, 17. Auflage. Eine deutsche Fassung »Bushidô, die Seele Japans« erschien 1901 in Tôkyô; eine bearbeitete Neuausgabe davon enthält der Band »Bushidô. Die innere Kraft der Samurai«, Interlaken 1985.

| Schulen |

Hier Kurzbezeichnung für »Fechtschulen«, im Japanischen ausgedrückt durch ein angehängtes »-ha« für »Gruppe« (von Gleichgesinnten), wie im Falle der Ono-ha im frühen 17. Jahrhundert, zumeist aber durch ein »-ryû« für »Strömung« (im Sinne einer strengen Lehre), wie bei der Chûjô-ryû (nach einem Begründer dieses Namens) oder der Katori-Shintô-ryû (nach einem Ortsnamen, dem eines Shintô-Schreins, und damit den geistigen Hintergrund betonend), beide aus dem 15. Jahrhundert. Miyamoto Musashi sprach von seiner Schule als der Niten(Zwei-Himmel)-ichiryû, gelegentlich auch der Nitô(Zwei-Schwerter)-ichiryû, wobei »Himmel« und »Schwerter« gleiche Bedeutung haben; das angehängte »-ichiryû« ist zu verstehen als »diese eine Schule« (und: »es gibt ihrer keine andere sonst«).

In ihren Anfängen bis ins 14., vielleicht sogar 13. Jahrhundert zurückreichend, hatten die Schulen zunächst ein über das Schwert hinausreichendes Programm.

Die in den Residenzen der Daimyô bzw. des Shôguns unterrichtenden Shinamban (»Unterweisungsbeauftragte«) lehrten die Bugei (»Militärkünste«: Bogenschießen, Reiten, Lanzenstoß, Fechten mit dem Schwert).

Auch in den Dôjô, den »Wege-Orten«, die (Stätten zur Übung der »Wege«-Fertigkeiten) bei den Shintô-Schreinen, den buddhistischen Tempeln oder von allem unabhängig entstanden, trat erst seit etwa 1500 die Übung hauptsächlich mit dem Schwert in den Mittelpunkt, und der verehrte Lehrer war ein Kenshi (»Schwertmei ster«), gar ein Kensei (»Schwertweiser« oder »-heiliger«), wie man Miyamoto Musashi nannte.

Zu seiner Zeit bereits muß die Zahl der Schulen groß gewesen sein; nicht umsonst legte er einen entschiedenen Abstand zwischen sich und »die anderen«, indem er die Originalität seiner Zwei-Schwerter-Technik betonte. Tatsächlich war es im übrigen weit beliebter, sich auf eine möglichst alte Tradition zu berufen. Manche Schulen führten sich zurück bis zur Heraufkunft des Minamoto-Shôgunats (siehe Stichwort »Samurai«). So habe damals in Kyôto ein buddhistischer Priester und Meister der Yin-yang-Lehre namens Oniichi Hôgen[5] gelebt, der im Besitz der (vermutlich chinesischen) Kampfkunstschriften gewesen sei. Volksheld Yoshitsune,[6] einer seiner Schüler, sei heimlich damit auf und davon gegangen; jedenfalls bildete sich im nahen buddhistischen Kurama-Tempel, in dem Yoshitsune bis zu seinem fünfzehnten Jahr gelebt haben soll, mit der Nen-ryû eines der frühesten Dôjô heraus, eine Fechtschule, die

---

5 Lebensdaten unbekannt, vermutlich zweite Hälfte 12. Jahrhundert. Der Name Oniichi kann wörtlich verstanden werden als »der erste (größte) Teufel«; Hôgen (»Auge der Lehre«) ist eine Ehrenbezeichnung für einen Priester.

6 Minamoto no Yoshitsune (1159–1189), jüngerer Stiefbruder des späteren Shôgun M. no Yoritomo (s. Stichwort »Samurai«); wegen vermeintlicher Untreue von diesem verfolgt, flüchtete sich Yoshitsune nach Nordjapan, wo er sich, in die Enge getrieben, selber den Tod gab. Seine Lebensgeschichte und das tragische Schicksal seiner Geliebten, der Tänzerin Shizuka-gozen, spiegeln sich in zahlreichen Legenden und Dichtungen wider; manche glauben, er habe sich auf das asiatische Festland flüchten können, und Dschingis-Khan sei in Wahrheit er gewesen.

sich in den folgenden Jahrhunderten mit den verschiedensten Namenszusätzen (wie »die Gerechte«, »die aus den hinteren Bergen«, »die vom wilden Wasser« usw.) vielfältig aufgliederte und über das ganze Land verbreitete.

Die politisch bedeutendste Schwertkämpferschule nach dem frühen 17. Jahrhundert war die Yagyû-ryû, begründet von Yagyû Muneyoshi (1527–1606), der sich an der Seite des späteren Shôgun Tokugawa Ieyasu bewährt hatte und von diesem mit einem winzigen, aus nur zwei Dörfern bei Nara (Westjapan) bestehenden Daimyat belehnt wurde. Muneyoshi, als junger Mann Schwertschüler bei der Shintô-ryû am shintôistischen Kashima-Schrein, eine Zeitlang auch bei der Kage(»Schatten«)-ryû des Meisters Aisu, eröffnete im Hauptdorf am »Abhang des aufrechten Baumes« eine Dôjô-Halle, in der unter seinen Nachfolgern, den zugleich als Shôgunatsberatern tätigen Söhnen und Enkeln, weit über zehntausend Samurai ausgebildet worden sein sollen. An Yagyû Munenori, der vier Jahrzehnte lang Oberhaupt der – wie sie sich nun nannte – Yagyû-Shinkage(»Neue-Schatten«)-Schule war, richtete der Zen-Priester Takuan (1573–1645) verschiedene Briefe, darunter das berühmte Fudôchi-shimmyôroku (»Geheime Niederschrift von der nichtbewegten Weisheit«),[7] die den nochmaligen Einfluß des Zen-Buddhismus auf die Ethik des Bushidô belegen.

Gegen Ende der Tokugawa-Zeit in der Mitte des 19. Jahrhunderts zählte man mehr als zweihundert Fechtschulen.

---

7 Deutsch publiziert in: Meister Takuan: »Zen in der Kunst des kampflosen Kampfes«, München 1993.

| Waffen |

Die mit der Shintô-Mythologie verbundene Waffe ist neben dem
Speer, der den Göttern dazu diente, durch kräftiges Schlagen der
Salzflut die »acht großen und sechs kleinen Inseln« (des japanischen Archipels) entstehen zu lassen, das vom Sturmgott Susano-o
im Kampf erworbene Schwert: Als er den achtköpfigen Drachen
erschlagen hatte, zog er aus dessen Schwanz eine herrliche Klinge,
und zugleich stiegen dunkle Wolken auf, weshalb das Schwert den
Namen »Wolkensammler« erhielt; später rettete es dem zur Unter-
werfung des Ostens aufgebrochenen Prinzen Yamo-to-takeru das
Leben, indem es ihn in einer Feuerfalle befähigte, das Gras ringsum
so rasch und gewaltig niederzumähen und anzuzünden, daß das
Gegenfeuer umgekehrt den Feind vernichtete. Seitdem heißt die
Waffe das »Grasmäheschwert«; es gehört mit Krummjuwelen und
Spiegel zu den Schätzen der Sonnengöttin Amaterasu, der Schwe-
ster des Susano-o.

Historisch galt das Schwert in ältester Zeit vor allem der Reprä-
sentation; in der Schlacht, wenn Pfeil und Bogen sowie Speer oder
Lanze versagten, war es die letzte Nahkampfwaffe. Anfangs (nach
chinesischem Vorbild) auch zweischneidig, setzte sich allmählich
das einschneidige Langschwert (»Tachi«) durch, das eine leicht
gebogene, etwa 70 Zentimeter lange Klinge besaß; seltener war
das Kurzschwert (»Tantô«) mit durchschnittlich 25 Zentimetern
Klingenlänge anzutreffen. Noch die aufstrebenden Samurai des
12. Jahrhunderts kämpften in den damals heftigen inneren Fehden, indem sie im Reiten ihre Pfeile verschossen oder zu Fuß ihre

Lanzen gebrauchten; Trupps von Ashigaru (s. Stichwort »Samurai«)
zwischen ihnen gaben, ebenfalls mit dem Bogen, »Feuerschutz«.
Die Bogenhölzer von bis zu zweieinhalb Metern Höhe waren
bereits zweiseitig mit Bambus belegt; hundert Jahre später machte
sie eine völlige Bambusummantelung noch durchschlagskräftiger,
und neben den geradspitzigen Lanzen (»Yari«) kamen die mit
glatten Krummklingen oder mit Kreuzklingen versehenen Lanzenschwerter (»Naginata«) auf, nicht mehr nur zu Wurf und Stoß
geeignet, sondern auch zu schwerem Hieb bei einer Schaftlänge
Distanz. Die Schmiede (s. unten) hatten ihre große Zeit: Vom
13. bis zur Mitte des 16. Jahrhunderts rechnet man die Blüte des
»alten Schwerts« in seinen vielfältigen Formen; zudem waren
so ungewöhnliche Waffen zu produzieren wie die Kettensichel
(»Kusarigama«; eine Schleuderwaffe mit an langer Kette befestigter
Handsichel) oder die eiserne Stabkeule (»Kanasaibô«; bestehend
aus einer durch Buckel verdickten, bis zu zweieinhalb Meter langen
achtkantigen Stange mit einem Griff von doppelter Handbreite).
Hatte man zuvor das eine Schwert an einem an der Gürtelschärpe
(»Obi«) befestigten Gehänge getragen, so schob der Samurai nun,
gleichsam griffbereit, ein größeres und ein kleineres Schwert von
oben her in den Gürtel (man sprach von einem solchen Klingenpaar
als dem »Daishô«, dem »Groß-und-klein«). Sie unterschieden sich
mehr oder weniger in Art und Länge der Klinge, auch in der
Bezeichnung. Miyamoto Musashi benutzt in seinem Text in der
Regel die Begriffe Tachi (»Langschwert«, Klinge ca. 60 bis 75 Zentimeter) und Katana (»Schwert«, Klinge ca. 30 bis 60 Zentimeter)
sowie Ôkinaru-tachi (»großes – gemeint: übergroßes – Lang-

schwert«, Klinge bis 80 Zentimeter) und Mijikaki-tachi (»kurzes Langschwert«, Klinge ca. 40 bis 55 Zentimeter). Gegen Ende des 16. Jahrhunderts brachte eine jüngere Generation von Schmieden das sogenannte »neue Schwert« auf, in dessen Ausformung die Erfahrungen aus der langen kriegerischen Zeit eingegangen waren. An einer Stelle erklärt Miyamoto Musashi: Das »früher« Langschwert und Schwert geheißene Klingenpaar bezeichne man »heute« als Schwert und Seitschwert (»Wakizashi«); hier meint er die Veränderung vom »alten« zum »neuen« Schwert, ohne jedoch im ganzen genau zu differenzieren. So waren daneben auch Kleinschwerter (»Kodachi«), kleine Seitschwerter (»Kowakizashi«) oder Dolchmesser (»Kogatana«) in Gebrauch.

Das Schmieden des Schwerts gehörte ursprünglich zu den höfischen Künsten. Davon erhalten blieb der Brauch, daß der Schmied, weiß gekleidet, vor Arbeitsbeginn am Götterschrein in der Werkstatt die Riten vollzog. Magnetiteisenerz und eisenhaltiger Sand wurden im eigenen Brennfeuerofen ausgeschmolzen, eine Weicheisenplatte mit Rohstahlstücken belegt und in einem Feuer aus Kiefernholzkohle zusammengeschweißt, geschmiedet und abgekühlt. Dieser Vorgang wiederholte sich bis zu zwanzigmal. Die Mischung der Materialien (hinzu kam, während der Zwischenpausen, eine Ummantelung des Stücks mit strohvermischtem Lehm) erfolgte durch jeweils breites Ausschmieden und mehrfaches »Zusammenfalten«; so bestand das fertige Stück schließlich aus ungezählten Lagen hauchdünner Schichten, was dem Stahl insgesamt die berühmte zähe Biegsamkeit verlieh.

Feuerwaffen kamen mit den ersten Portugiesen, Schiffbrüchigen, im Jahre 1543 ins Land. Rasch entwickelte sich eine japanische Produktion von Arkebusen, die während der folgenden Jahrzehnte in den Einigungskämpfen auch eingesetzt wurden. Miyamoto Musashi spricht hundert Jahre später davon, daß auch die Muskete zum Weg des Kriegers gehöre. »Dennoch ist richtig: Die eigentliche Kampfkunst besteht darin, daß einer mit dem Langschwert umzugehen weiß.« Tatsächlich hat eine umfassendere Ausrüstung mit Feuerwaffen erst nach 1868, beim Aufbau der modernen japanischen Armee, stattgefunden.[8]

| Wege |

Der japanische Begriff »dô« (chinesisch »dao«), wörtlich »Straße«, also Weg im einfachen Sinne oder auch Methode, Art und Weise, kann darüber hinaus zugleich das so durchschrittene bzw. erfahrene, erlernte Gebiet bedeuten, inhaltlich als eine Lehrmeinung, ein Regelwerk, ausübend als eine Fertigkeit, eine Kunst. Die alte Verbindungsstraße zwischen Kyôto und Edo (später Tôkyô) war der Tôkaidô (»Ostmeerstraße«), ebenso wurden die daran aufgereihten Provinzen bezeichnet; noch heute heißt die nördlichste Hauptinsel verwaltungsamtlich Hokkaidô (»Nordmeerstraße«). Shodô (»Schreib-Weg«) heißt das Schreiben von Schriftzeichen

---

8 Vgl. Noel Perrin: »Keine Feuerwaffen mehr. Japans Rückkehr zum Schwert, 1543–1879«, a. d. Englischen, Frankfurt 1982.

bereits im 8. Jahrhundert; seit dem Mittelalter ist Bushidô (»Weg des Kriegers«), seit dem 15. Jahrhundert Chadô (»Tee-Weg«) geläufig. Besonders nach 1600 bildete sich eine Fülle solcher »Wege« heraus. Auch die Lehren Buddhas oder des Konfuzius bezeichnete man als Wege; wer den Buddha-Weg betrat, wollte Mönch oder Priester werden. Miyamoto Musashi benutzt »dô« auf sehr unterschiedliche Weise. Neben dem Weg der Kampfkunst, dem Schwertweg, dem Weg »meiner Schule«, der den Weg des Sieges bedeute, gibt es bei ihm »keine wechselnden Wege in dieser Welt, wie ein Mensch zu erschlagen sei. Ob Wissende oder Nichtwissende, selbst Frauen und Kinder: Was den Weg angeht, nach dem man kämpft und tötet, so ist er für sie alle in nichts unterschieden.« Jedenfalls solange der Mensch »nicht zum wahren Weg erleuchtet ist, sei es der Weg Buddhas, sei es der Weg irdischer Vernunft«. Und am Ende: »Die Leere ist der Weg, und der Weg ist die Leere.«
Aber Miyamoto Musashi verwendet den Wege-Begriff noch in anderem Sinne, nämlich um Gesamtheiten zu gliedern, zu ordnen. »Daß der Mensch in der Welt lebe, dafür gibt es vier Wege: des Samurai, des Bauern, des Handwerkers und des Kaufmanns«, womit er die vom neuen Tokugawa-Shôgunat vorgenommene Ständegliederung übernimmt; um dann zu verdeutlichen, daß es stets darauf ankommt, das mit der jeweiligen Existenz Übereinstimmende zu tun. Schließlich sieht er die Schwertkunst selbst »nach fünf Wegen unterteilt«, die er als ihre einzelnen Grundsätze »in den fünf Büchern ›Erde‹, ›Wasser‹, ›Feuer‹, ›Wind‹ und ›Leere‹ abhandelt. Die hier zitierten Großen Fünf, die nach buddhistischer Auffassung allem zugrundeliegenden Elemente, scheiden sich

nach einer Variante in die das materiell Existierende umfassenden
Großen Vier, das sind Erde, Wasser, Feuer, Wind, und in die Leere,
ein ihnen kein Hindernis Entgegenstellendes, in das sie zurück-
fallen.

S. Sch.

AM ENDE EIN WEISER DES SCHWERTES – MIYAMOTO MUSASHI UND SEINE ZEIT

Es war – berichten die einen – frühmorgens am neunzehnten Tag des Fünften Monats im Jahre Shôhô 2 (nach westlichem Kalender 1645). Die beiden Schwertschüler Masuda Sôbei und Okabe Kyûza'emon stiegen von dem am halben Hang des Kimpô-Berges gelegenen Ungan-Tempel aus den steilen Pfad, dann an Steinlaternen vorbei die Stufen hinauf zu der Einsiedelei in der Reigan-Grotte, um nach ihrem kranken Meister zu sehen. Angetan mit dem weißen Gewand saß Miyamoto Musashi auf der Matte, zusammengesunken, ohne aus der Meditationshaltung gefallen zu sein. Er war tot, sein Körper schon erkaltet. Da knieten die beiden Schwertschüler vor ihm nieder, wortlos eine Weile, bevor ihnen die heißen Tränen über die Wangen rollten.

Unendliche Legenden ranken sich um alles, was mit Musashi zu tun hat; und wie immer, wenn die Quellenlage unsicher ist: Sie haben auf ihre Weise recht, sind vielleicht der wahren Wahrheit näher als die nüchternen Fakten. An jener Auffindungsszene indessen stimmt mit anderen Darstellungen lediglich das Datum des Todestages. Es liegt genau eine Woche nach dem »zwölften Tag des Fünften Monats«, an dem Musashi, wie er selbst auf dem jeweils letzten Blatt der sämtlichen Bücher der »Fünf Ringe« vermerkt, die Niederschrift des Werkes seinem Lieblingsschüler Terao Magonojô (s. Anm. S. 36) übergab. Die Frage ist, wo das geschah. In der Grotte, im Tempel? Oder drunten in der Stadt, in dem von ihm sonst bewohnten Teil des älteren Schlosses?

Die Stadt Kumamoto, heute Hauptstadt der gleichnamigen Präfektur an der Westküste der Insel Kyûshû, war damals Residenz des Daimyô von Higo. 1632 hatte der Hosokawa-Clan dieses Lehen

übernommen; acht Jahre später, auf Einladung des Fürsten Tadatoshi, der ihn von früher her kannte, war Miyamoto Musashi nach
Kumamoto gekommen und unter der Bedingung geblieben, daß er
nicht unter die Vasallen eingereiht, sondern als Gast behandelt
würde. 1641 starb der Fürst. Neunzehn Samurai aus seiner engeren
Umgebung vollzogen das Ritual des Junshi, des »Nachfolgetodes«,
indem sie Seppuku begingen. Es ist nicht überliefert, wie Musashi
über solche Selbstopferungen dachte (Mori Ôgai, einer der Väter
der modernen japanischen Literatur, nahm 1913 nach dem Jun-
shi-Tod des Generals Nogi in der Erzählung »Das Haus Abe«
kritisch Stellung zu jenen Vorgängen in Kumamoto); hingegen
wird berichtet, der Tod des erst 53jährigen Fürsten sei für ihn
deshalb ein Schock gewesen, weil er gehofft hatte, mit dessen
Unterstützung um so rascher und wirkungsvoller seine eigene
Schwertschule auch institutionell zu etablieren. Vorbereitung hierzu war eine erste Niederschrift der von ihm für wichtig erachteten
Grundregeln, der Heihô-sanjûgo-kajô (»Fünfunddreißig Artikel
über die Kampfkunst«), gewesen, die er dem Fürsten noch kurz
zuvor überreicht hatte.

Nachfolger im Daimyat wurde der 23jährige Hosokawa-Sohn
Mitsuhisa. Obwohl er von diesem offenbar im selben Stand gehalten wurde: als der geehrte Gast, der im Schloßbereich wohnen
durfte und die entsprechenden Zuwendungen erhielt (»Reis wie für
siebzehn Mann«), obwohl er auch weiterhin einigen älteren und
jüngeren Kriegern des Clans Schwertunterricht erteilte, begann
Miyamoto Musashi ein zunehmend zurückgezogeneres Leben zu
führen. Häufig pilgerte er hinaus zum Stadtrand von Kumamoto,

um sich im Taishô-ji, dem sogenannten Begräbnistempel der Hosokawa-Familie, in lange Meditation zu versenken oder mit Ehrwürden Haruyama, dem Abt, freundschaftlich zu diskutieren. Manche Autoren halten es für möglich, daß Musashi mit sich selber im Zwiespalt war, ob er nicht doch gleichfalls den Nachfolgetod hätte sterben sollen; andere glauben, es habe bei ihm in dieser Zeit ein Wandel hin zu dem im Taishô-Tempel gelehrten Zen-Buddhismus stattgefunden. Nachweislich beschäftigte er sich damals mehr als sonst mit dem Mal- und Schreibpinsel; einige Tuschbilder könnten dabei entstanden sein, jedoch lassen sie von solch krisenhaftem Wendevorgang in der Persönlichkeit Musashis nichts erkennen.

Wie sehr er seiner grundsätzlichen Haltung treu blieb: die Schwertkunst ist Kern und Mitte, die übrigen Künste dienen der ergänzenden Vervollkommnung, der »Selbstverwirklichung«, würden wir heute sagen – dafür zeugt seine Vorrede zu den »Fünf Ringen«, in der er zugleich den Beginn der Niederschrift des Buches dokumentiert: »Wir befinden uns am Anfang des Zehnten Monats im Jahre Kan'ei 20« (nach westlichem Kalender 1643, also im zweiten Jahr nach dem Tod des Fürsten Tadatoshi). Nichts davon, daß er, der nun Sechzigjährige, irgendwann von Unsicherheit, von dem Wunsch nach einer Wende befallen gewesen sei. Im Gegenteil: »Endlich, ich hatte die Fünfzig erreicht, erkannte ich den wahren Weg der Schwertkunst. Seither verbringe ich meine Tage, ohne daß ich mich um den Weg besonders bemühen müßte. Indem ich mich dem Gesetz des Schwertwegs ergebe, bedarf ich, zu welchen Künsten, welchen Fertigkeiten auch immer, keines Lehrmeisters, vermag ich das alles aus mir; und wenn ich mich jetzt daransetze, dieses Buch abzufassen, so stütze ich mich dabei weder auf die alten Schriften der Buddhisten oder Konfuzianer, noch benutze ich die klassischen Kriegschroniken oder -strategien dafür …« Ja, auch Buddha als solcher und der Himmel (der Shintô-Götter) werden von ihm lediglich als Zeugen der eigenen Wahrhaftigkeit angerufen, oder er beteuert, in Vorbereitung der Niederschrift: »Ich habe dem Himmel gehuldigt und mich vor Buddha verneigt.« Nicht nur wird damit der eine wie der andere Einfluß vorsorglich ausgeschlossen; man könnte fast den Eindruck haben, Musashi sei es vor allem um »Originalität« gegangen. Zumindest wird deutlich, ein wie strikt auf Unabhängigkeit bedachter Mann er war.

Die eingangs zitierte Legende von der Auffindung des toten Meisters hat die noch heute begehbare Felsengrotte Reigandô nahe Kumamoto zum Schauplatz. Man erreicht sie über einen Pfad, der über die Westflanke des 665 Meter hohen Kimpô-Berges hinunter zu dem Hafenort Kawachi-Yoshino führt. Der am letzten Aufstieg zur Grotte gelegene Ungan-ji, ein Tempel der Sôtô-Schule des Zen, hieß volkstümlich auch Iwato-san (»Felspforten-Berg«), wobei sich in »Berg« topographischer und religiöser Höhenbegriff überlagern. Diese Iwato-Höhe ist – an der Kimpô-Flanke – so gelegen, daß von der Grotte aus der Blick westwärts über die Ariake-Bucht auf die vom Vulkan Unzen beherrschte Halbinsel Shimabara geht. Der Kimpô, auch »Heiliger Berg des Einen Gipfels«, ist mit einem kleinen Schrein an der höchsten Stelle einer shintôistischen Gottheit geweiht, die die Transfiguration eines Bodhisattva darstellt

(s. dazu Mishima Yukio in seinem Roman »Homba«, deutsch als »Unter dem Sturmgott«, München 1986).

In der Vorrede zu den »Fünf Ringen« spricht Miyamoto Musashi zwar lediglich davon, daß er – jetzt, im Jahre 1643 – »auf Kyûshû im Lande Higo (d. i. Kumamoto) den Berg Iwato erklommen« hat – man kann aber davon ausgehen, daß er damit seine Übersiedelung in die Grotte meint. Wie er unter dem schwer überhängenden Felsen lebte, wissen wir nicht. Er wird auch da die Meditationsübungen fortgesetzt haben, aber das Hauptgeschäft war zweifellos die Niederschrift der »Fünf Ringe«. Wenigstens in dieser Form sollte die Überlieferung seiner Schwertkampfschule gesichert sein. Das Buch wurde zum Testament des Miyamoto Musashi.

Tatsächlich begannen ihn seine Kräfte zu verlassen. Eine schlecht vernarbte Beinwunde machte ihm Beschwerden. Im Winter 1644/45 – die »Fünf Ringe« waren, scheint es, weitgehend abgeschlossen – verschlimmerte sich sein Zustand. Matsui Sado, ein befreundeter Altvasall des Clans, schickte den Arzt hinauf in die Grotte, und als alle Medizinen und Vorhaltungen nichts halfen, er zudem die Nahrungsaufnahme verweigerte, wurde Musashi auf Befehl des jungen Daimyô zwangsweise ins Tal gebracht. Im Frühjahr darauf stellte sich heraus, daß er an einem Speiseröhrentumor litt. Er begriff: Sein Ende war nahe, und da er die Aufgeregtheit der Ämter haßte, begab er sich zurück in die Höhle, um dort im Gebet den Tod zu erwarten.

In Kumamoto gingen unterdessen die seltsamsten Gerüchte über Musashi um. Also nahm Matsui Shikibu, der Sohn, seinen Falken und zog, wie um zu jagen, auf den Kimpô-Berg, und nachdem er den Meister dort gefunden hatte, überredete er ihn zur Heimkehr ins alte Schloß, wo der Clansherr die beiden Samurai Nakanishi Magonosuke und Terao Motome, den jüngeren Bruder des Terao Magonojô, zu seinen Pflegern bestimmte. Hier verteilte Miyamoto Musashi am zwölften Tag des Fünften Monats an Freunde und Schüler zum Angedenken seine Schwerter sowie seine Schriften – die »Fünf Ringe« an Magonojô – und nahm ein letztes Mal den Pinsel zur Hand, um in neunzehn Sätzen die Quintessenz seiner irdischen Erfahrungen aufzuzeichnen, die er mit Dokkodô (»Weg des Einzelgängers«) überschrieb: Worte der Selbstbescheidung und des Verzichts, des geraden Sinnes und der Unabhängigkeit wie »Auf dem Weg der Zuneigung nichts erzwingen wollen« oder »In allen Dingen unvoreingenommen sein« oder »Nach keinem eigenen Haus verlangen« oder »Buddha und die Götter achten, nicht sie in Anspruch nehmen« und natürlich »Niemals abweichen vom Weg der Schwertkunst …«

Sieben Tage später, also am neunzehnten Tag des Fünften Monats im Jahre Shôhô 2 (d. i. 1645), einem Datum, das sich nach allem als zuverlässig erwiesen hat, starb der Kensei oder »Weise des Schwerts«, wie ihn schon seine Zeitgenossen nannten. Und auch dies ein Detail, von dem Legenden und Dokumente übereinstimmend berichten: daß es bei der Trauerfeier für ihn aus heiterem Himmel einen lauten Donnerschlag getan habe.

| Die Herkunft |

Der Name Miyamoto Musashi, unter dem wir den Schwertmeister kennen, entstand wie viele in der damaligen frühen Neuzeit. Statt des nach japanischer Sitte vorangestellten Geschlechternamens steht der Name des (vermutlichen) Geburtsortes Miyamoto; es folgt sein persönlicher Erwachsenenname Musashi, den er mit etwa vierzehn, fünfzehn Jahren nach Ablegen seines Kindernamens Bennosuke angenommen hatte. Musashi ist gleichlautend mit der Bezeichnung für eine alte ostjapanische Provinz, doch wurden die beiden dabei verwendeten Schriftzeichen zunächst wahrscheinlich anders ausgesprochen, nämlich Takezô, als Männername durchaus gebräuchlich, und zwar in der Bedeutung »Kampf-Speicher«. Takezô/Musashi, das war, würde man heute sagen, ein Name wie eine Drohgebärde. Was allein schon vor dem Hintergrund der Zeit verständlich erscheint.

In dem Jahr, in dem Musashi geboren wurde (nach eigenen Angaben zu seinem Alter muß es das Jahr Tenshô 12, d. i. 1584, gewesen sein), erlebte Japan nach der über hundertjährigen »Zeit der streitenden Provinzen« eine fundamentale Erneuerung. Der erste der Reichseiniger, Oda Nobunaga, hatte zwar beachtliche Erfolge gehabt, war aber dann 1582 seinem Gegner in eine tödliche Falle gegangen. Da übernahm sein Mitstreiter Hideyoshi, Sohn eines einfachen Ashigaru-Fußsoldaten bäuerlicher Herkunft, die militärische Führung, verbündete sich mit dem dritten der großen Generäle, Tokugawa Ieyasu, und gemeinsam befriedeten sie bis 1590 das Land. Danach zog sich Ieyasu auf die ihm unterstellten östlichen Territorien (um das heutige Tôkyô) zurück, während Hideyoshi, vom Kaiser zum Obersten Rat, zum Großkanzler ernannt und mit dem ehrwürdig klingenden Geschlechternamen Toyotomi ausgestattet, von seinem Amtssitz im Schloß Ôsaka aus herrschte – ohne daß er den begehrten Titel eines Shôgun (»Militärstatthalter«) erlangt hätte, aber dafür konnte er nicht die richtige Genealogie vorweisen.

Musashi war acht Jahre alt; da schickte Toyotomi Hideyoshi eine Armee von 190 000 Mann übers Meer, Korea zu erobern. Welche Ziele er verfolgte, wurde nie geklärt. China mischte sich ein, die Japaner verloren an Boden, Verhandlungen begannen, zogen sich hin; 1597 versuchte ein zweites 100 000-Mann-Heer, das blutige Gemetzel zugunsten Japans zu entscheiden. Doch im Herbst des folgenden Jahres erkrankte Hideyoshi; sein letzter Befehl erging an Tokugawa Ieyasu: Er möge den Feldzug abbrechen. Kurz zuvor (»mit dreizehn«, wie er selbst berichtet) hatte Miyamoto Musashi, was er sein »erstes Treffen« nannte. »Gegner war der geübte Fechter Arima Kihei aus der Shintô-Schule, ich besiegte ihn.« Er soll ihn mit einem hölzernen Stock erschlagen haben. Musashi war wahrhaftig ein Kind seiner Zeit.

Auch in anderer Hinsicht. Wie sich der schlaue Ieyasu bereits 1566 zusammen mit dem Namen Tokugawa einen auf dem Papier bis zurück in hochadlige Wurzeln reichenden Stammbaum beschafft hatte, so vermochte Musashi gleichfalls, seinen Namen auf eine Weise zu verändern, daß seine tatsächliche Herkunft davon verdunkelt wurde. Gegen Ende seines Lebens, in der Vorrede zu den »Fünf Ringen«, beansprucht er, »Shimmen-Musashi-no-kami, Fujiwara no Genshin« zu heißen. Aber gerade dieses Namensungetüm verrät uns allerlei. Abgesehen von dem persönlichen Namen Musashi (und der wird durch ein »-no-kami« oder »Herr über« in die Nähe eines Provinzialtitels gerückt), ist hieran nichts originär. Das Geschlecht der Shimmen, ein entfernter Zweig des zwischen dem 9. und 12. Jahrhundert dominierenden Clans der Fujiwara, stellte damals eine Reihe kleinerer Militärs. Einer von ihnen wurde mit der Schloßherrschaft Takeyama im Lande Mimasaka nahe Okayama belehnt; dort diente ihm ein Schwertmeister Hirata Shôkan, Sproß einer angesehenen Familie aus dem östlich benachbarten Land Harima, dem der Schloßherr – wie es häufig vorkam – das Tragen des Clansnamens gestattete, sich also Shimmen-Hirata Shôkan zu nennen.

Dessen Sohn wiederum, auch er ein Schwertmeister, verließ aus unbekannter Ursache den Dienst im Schloß, siedelte als Hirata Munisai in den nahen Weiler Miyamoto über und hatte seinerseits einen Sohn, der – nach der überzeugendsten aller Theorien und gestützt durch solche Namensanalyse – kein anderer war oder gewesen sein kann als eben Miyamoto Musashi. Lediglich der letztstehende Beiname Genshin, den er sich erst später zugelegt zu haben scheint, geht über die »Selbstwerbung« hinaus, hat im Gegenteil für einen Schwertweisen einen hohen ideellen Wert, handelt es sich doch um dieselben Schriftzeichen, nur in umgekehrter Reihenfolge, mit denen sich der wohl bedeutendste Kampfmeister und Stratege des mittleren 16. Jahrhunderts, Takeda Shingen, schrieb.

Hirata Munisai, der Vater, soll gestorben sein, als der Sohn

Bennosuke gerade das siebente Lebensjahr erreicht hatte. Wie der Junge aufwuchs, ob im Dorf bei der Mutter oder bei einem Onkel im Tempel, davon berichten ausführlich die Legenden. Beachten wir, daß man schon dem Knaben eine ungestüme Wildheit nachsagte. »Mit sechzehn«, erklärt er selbst, »besiegte ich einen gewissen Akiyama aus dem Lande Tajima, einen Fechter von gewaltigen Körperkräften.« Manche Autoren halten es für wahrscheinlich, daß er – möglicherweise nach diesem Kampf – den Truppen nachgelaufen ist, die im Herbst des Jahres 1600 im Namen des Hideyoshi-Erben nach Osten zogen, um jenseits des Biwa-Sees bei Sekigahara auf die Armeen des Tokugawa Ieyasu zu treffen und eine blutige Niederlage zu erleiden. Hätte sich Takezô/Musashi am Ende einen ähnlichen Aufstieg erhofft, wie er einst Hideyoshi, dem Sohn eines Fußsoldaten, gelungen war?

Die Schlacht bei Sekigahara war die wohl bedeutendste in der innerjapanischen Geschichte. Daß Tokugawa Ieyasu obsiegte, verhalf ihm drei Jahre später zum Shôgunat, und danach blieben Amt und Titel bei der Familie bis 1868. Diese ganze Epoche wird auch als Tokugawa-Zeit bezeichnet. Anfangs noch geführte Feldzüge waren kurz und lokal begrenzt; von den dreißiger Jahren des 17. Jahrhunderts an herrschte, bei strenger Abschließung gegenüber dem westlichen Ausland, Frieden in Japan.

Damit verbunden war eine Wende im Umgang mit dem Schwert: vom praktischen Einsatz der Klinge als Schutz- und Angriffswaffe hin zum Gegenstand des Ideals und der Läuterung im Bushidô.

| Unterwegs I |

Mit einundzwanzig Jahren sei er, so Miyamoto Musashi, in die kaiserliche Hauptstadt Kyôto gegangen. »Dort traf ich auf Krieger aus dem ganzen Reich, und vielmals kam es zu Kämpfen mit ihnen, doch da war keiner, den ich nicht bezwungen hätte.« Tatsächlich kann das für einen Neuling nicht leicht gewesen sein; schon überhaupt so weit anerkannt zu werden, daß die großen Fechter auf eine Herausforderung eingingen, setzte einiges voraus: Normalerweise mußte man einen Namen haben, mußte – abgesehen vom nötigen Mut – auf eine Schule verweisen können, aus der man kam und deren Technik den zu den »Acht-Hauptstadt-Schulen« zählenden Gegnern interessant erschien.

Musashi indessen hatte in Kyôto ein konkretes Ziel, und wenn wir auch nicht wissen, wo er seine Lehrjahre im Schwertkampf verbracht hat, fest steht, daß er in der Grundtechnik denselben Weg wie einst Munisai einschlug; möglicherweise war ihm ein Schüler seines Vaters Lehrmeister gewesen. Auch sonst muß ihn die Nachfolge beschäftigt haben. In der Hauptstadt angekommen, erschien er im Dôjô (der Übungshalle) der Yoshioka-Schule, um Genugtuung dafür zu fordern, daß einer der Yoshioka-Meister, als sie beide in der Residenz des letzten Ashikaga-Shôguns dienten, Munisai besiegt hatte.

Die vornehmen Kyôtoer Schwertmeister fanden – heißt es in späteren Berichten aus Musashis Schülerkreis – die Herausforderung des vermeintlichen Bauernburschen belustigend, nahmen sie aber schließlich an. Am vereinbarten Tag auf einem Totenverbrennungsplatz außerhalb der Stadt standen sich Yoshioka Seijûrô, das Haupt des Hauses, mit einem Echtschwert und Miyamoto Musashi mit einem Holzschwert gegenüber. Musashi hob blitzschnell seine Waffe und schlug damit auf Seijûrô ein, streckte ihn sogleich zu Boden, und der Besiegte, von den Seinen auf einer ausgehobenen Tür nach Hause getragen, schnitt sich vor Scham den Haarknoten ab. Daraufhin forderte seinerseits sein jüngerer Bruder Denshichirô Musashi heraus. Diesmal ließ Musashi den Gegner lange genug warten, um ihn wütend zu machen, tauchte dann ebenso plötzlich auf, wie sein (wiederum hölzernes) Schwert niedersauste und Denshichirôs Schädel zertrümmerte. Schließlich, den Tod des Onkels zu rächen, trat Seijûrôs dreizehnjähriger Sohn Matashichirô gegen Musashi an, ließ sich aber von einem Dutzend anderer Schwertschüler begleiten, um desto sicherer die Überlegenheit zu erlangen; doch da hatte Musashi schon im Gebüsch gelauert und sprang jetzt mit einem solch wilden Schrei hervor, daß er abermals den Vorteil hatte: In dem dadurch entstandenen Chaos erschlug er nicht nur den jungen Yoshioka-Sohn, sondern noch einige der Schwertschüler dazu, bevor er entfloh.

Wenn japanische Autoren diese Berichte über die Yoshioka-Fehde zitieren, pflegen sie hinzuzusetzen: Natürlich sei dies »aus der Sicht Musashis« geschildert. Und tatsächlich ist in den Annalen des Hauses Yoshioka der Fall ganz anders zu lesen. Danach soll bei dem ersten Treffen der Yoshioka-Obere, nachdem Musashi blutete, »seinen Arm zurückgezogen«, der Verletzte aber keineswegs aufgegeben und auf die Fortsetzung des Kampfes gedrungen haben. Um ihn zufriedenzustellen, sei vereinbart worden, die Sache an einem Tag mit anderer Besetzung zu wiederholen, doch dazu sei Musashi nie erschienen, er müsse die Stadt wohl zuvor verlassen haben.

Völlig überzeugend wirkt keine der beiden Darstellungen. Gewiß, solange ein Schwertmeister wie Miyamoto Musashi von zahlenden Schülern lebte, mußte er – Klappern gehörte auch da zum Handwerk – eine entsprechend fesselnde Vita vorzuweisen haben. Andererseits kann nicht geleugnet werden, daß sich der Ruhm des jungen Fechters bald übers ganze Land ausbreitete und daß die Yoshioka-Schule hauptsächlich dadurch einen Platz in der Geschichte behalten hat. Was freilich ebenso wahr ist: Ein nächstes dokumentiertes Datum ist erst vom neunundzwanzigjährigen Musashi überliefert. Die Jahre zwischen den ersten großen Duellen 1604 in Kyôto und dem 1612 ausgefochtenen letzten von »über sechzig Kämpfen« (»und ich wurde nicht ein einziges Mal um den Sieg gebracht«, wie er in der Vorrede zu den »Fünf Ringen« erklärt) sind – sagen die Japaner – »leeres Weiß«, liefern keine verifizierbaren Einzelheiten über sein Tun und Lassen, sein Wo und Wie. Yoshikawa Eiji, populärer japanischer Erzähler, hat in dem Roman »Miyamoto Musashi« (1935–39; deutsch als »Musashi«, München 1984) hauptsächlich diese »leeren weißen« Jahre mit prall realistischen Schilderungen ausgefüllt. Nahezu alles ist Fiktion, bestenfalls auf Hinweisen aufgebaute Vermutung, eine moderne Musashi-Legende über die alten Legenden hinaus; und dennoch, nicht nur die sämtlichen Kämpfe auf seinen Wanderungen kreuz und quer durch das Inselreich, auch die Begegnungen Musashis mit gleichermaßen historischen Personen, selbst wenn sie sich so nie ereignet haben, bieten dem interessierten Leser auf ihre Weise verläßliche Information: über den Zen-Priester Takuan, der über die »Kunst des kampflosen Kampfes« philosophierte, über die Schwertmeister aus der Yagyû-Schule, über Kaufleute und Stadtbürger, über Bauern und Kurtisanen, über Wegelagerer und Künstler.

Miyamoto Musashi, Sohn eines Samurai, war ebenfalls ein Samurai (wörtlich: »Dienender«), aber ein herrenloser, er stand in niemandes Diensten. Insoweit gehörte er zu der damals beträchtlichen Gruppe der Rônin (»Umhergetriebene«), die, mehr oder minder ernsthaft um ein Unterkommen bemüht, von Ort zu Ort zogen, zeitweilige Aufsichts- oder Wachaufgaben übernahmen oder sich in den Vorstädten zum Beispiel als Schirmflicker betätigten. Die Zahl der Rônin hatte unter dem neuen Tokugawa-Shôgunat zunächst stark zugenommen. Seit der Schlacht bei Sekigahara wurden die Daimyô-Fürsten in drei Gruppen unterteilt: Die erste bestand aus solchen, die mit dem Hause Tokugawa verwandt waren, die zweite aus denen, die auf ihrer Seite gekämpft hatten, und der Rest aus den bis dahin feindlich gesonnenen. Die Daimyatsterritorien konnten vom Shôgun neu vergeben werden; in der Regel geschah das so, daß nie zwei Unzuverlässige benachbart waren. Bei dieser Umsetzung sowie dadurch, daß die Shôgunats- und Daimyats-Samurai in friedlicher Zeit mehr und mehr Verwaltungsposten übernehmen mußten, wurden viele der lediglich im Umgang mit der Waffe geübten Krieger freigesetzt: einfache Schlagetots, aber eben auch qualifizierte Waffenlehrer, die sozusagen ins ambulante Gewerbe überwechselten.

Wie weit also der »Weg des Einzelgängers«, den Miyamoto Musashi angesichts des Todes rückblickend für den seinen erklärte, selbstgewählt gewesen ist, wird sich präzise kaum sagen lassen; nur so viel: Sollte er, was zu vermuten ist, in den acht »leeren weißen« Jahren zwischen 1604 und 1612 öfter so endgültig zugeschlagen haben, daß er wie in Kyôto mit nachfolgenden Herausforderungen aus Rache zu rechnen hatte, dürfte er in der Tat zumeist allein gewesen sein – auf der Flucht.

| Unterwegs II |

Auch wenn keine genauen Daten vorliegen, in dieser Zwischenzeit wuchs der Ruhm Musashis; zum ersten Mal war darüber hinaus von einem bestimmten Kampfstil, einer »Schule«, die er gegründet habe, die Rede. Ob es schon die Emmyôryû (»Schule der vollkommenen Klarheit«) war, die er nach anderen nicht vor 1622 formuliert hätte, bleibe dahingestellt; sicher ist, daß er für gewisse Gelegenheiten den Kampf mit zwei Schwertern gleichzeitig eingeführt hatte und daß er darin Tenka-ichi (»Unter dem Himmel, d. h. im Reich, der einzige, der Beste«) war. Solche selbstpreisenden Beiwörter spielen eine erhebliche Rolle. Muteki (»ohne Gegner«) zu sein galt als das Höchste.

Zu Anfang des Jahres Keichô 17 (d. i. 1612) hörte Miyamoto Musashi, daß sich in dem auf der Südinsel Kyûshû gelegenen Kokura bei dem dort residierenden Hosokawa-Clan ein solcher Muteki-Samurai aufhalte. Es war der aus dem Lande Echizen an der Japansee stammende Sasaki Kojirô, ein von vortrefflichen Meistern ausgebildeter Mann, vielleicht zwei, drei Jahre jünger als er selber, dessen berühmtester Schlag der weit ausgreifende sogenannte Tsubamegaeshi (»Schwalbenumschwung«) war. Man nannte ihn auch Ganryû, den »von der Schule Felsgestein« nach der von ihm begründeten Richtung.

Musashi hatte sich in einem Tempel in Kyôto aufgehalten. Er brach die Meditationsübungen ab und machte sich auf den Weg: die Inlandsee entlang bis Shimonoseki, von wo er sich in das befestigte Kokura übersetzen ließ. Einer der Altvasallen des Clans (er sollte dreiunddreißig Jahre später in Kumamoto dem kranken Musashi beistehen) war Matsui Sado, einst Schüler seines Vaters Munisai; dieser erbat für ihn beim Fürsten Hosokawa Tadaoki die Erlaubnis zu dem Zweikampf. Sie wurde erteilt, und am dreizehnten Tag des Vierten Monats, morgens zur halben Stunde des Drachen (d. i. 8 Uhr), sollte das Treffen auf der winzigen Insel Funashima eine Meile vor Kokura stattfinden. Die Ausrichtung erfolgte offiziell; außer den Duellanten, den Kampfrichtern, einer Wache und dem Arzt durfte niemand die Insel betreten.

Am Zwölften verschwand Musashi aus Sados Haus. Schon lief das Gerücht um, den Herausforderer habe angesichts der überlegenen Technik Ganryûs der Mut verlassen. Da fand ihn ein zur Suche ausgeschickter Bote drüben in Shimonoseki bei dem Kaufherrn Kobayashi Tarôza'emon. Er werde, ließ er Sado wissen, anderntags von hier aus und in einem Boot Tarôza'emons zu der auf halbem Wege liegenden Insel aufbrechen; wolle er doch vermeiden, daß der Fürst von ihm, Sado, schlecht denke, wenn er den Gegner seines

Schützlings Kojirô unterstütze. Doch am Morgen des Dreizehnten erhob sich Musashi erst, als schon Abgesandte aus Kokura mahnend erschienen; gemächlich wusch er sich, aß seinen Reis, zog ein Ruder zu sich heran, um daraus ein hölzernes Schwert zu schnitzen, und nachdem er sich in einen leichten Seidenkimono gekleidet, ein Tuch in den Obi geschoben und ein dickeres Baumwollgewand übergeworfen hatte, ließ er sich von einem Diener Tarôza'emons auf ein winziges Boot geleiten. Dort drehte er einen Bogen Papier zu einer Schnur zusammen, mit der er sich die Ärmel würde hochbinden können, dann streckte er sich auf dem Boden des Bootes aus.

Als sie an der Insel ankamen, hatte Ganryû Sasaki Kojirô bereits über zwei Stunden gewartet. Musashi legte das Übergewand ab, ließ sein Langschwert im Boot und sprang, in der einen Hand das Holzschwert, mit der anderen den Kimono aufkrempelnd, barfüßig in die Brandung; er tat einige zehn Schritte auf das Ufer zu, holte das Tuch aus dem Obi hervor und schlang es sich als Hachimaki-Band um den Kopf. Indessen kam Kojirô auf ihn zu, in hochgebauschter Rockhose aus gefärbtem Leder, darüber einen tiefroten Kampfüberwurf, und entrüstet rief er: »Du hast dich verspätet. Warst wohl zu feige?« Musashi schwieg. Da aber Kojirô, noch wütender geworden, sein Langschwert aus der Scheide riß und die Scheide ins Meer schleuderte, lachte Musashi: »Du hast schon verloren; warum sollte, wer siegt, die Schwertscheide fortwerfen?!« Was dann folgte, war die Sache von wenigen Augenblicken. Kojirô holte mit seinem Echtschwert aus, doch ehe er zuschlagen konnte, hatte ihn Musashis hölzernes Schwert auf den Kopf getroffen, er sank zu Boden. Offenbar hatte er dabei Musashis Stirn gestreift, so daß das zerschlitzte Hachimaki-Tuch abfiel. Noch einmal im Liegen hob Kojirô sein Schwert gegen Musashis Beine und brachte ihm durch die Rockhose hindurch eine etwa drei Zoll lange Wunde bei; gleich darauf freilich hatte ein zweiter Schlag des Holzschwerts seinen Brustkorb zertrümmert, Blut quoll ihm aus Mund und Nase. Ganryû Sasaki Kojirôs Augen waren gebrochen.

Miyamoto Musashi starrte auf den Toten. Er verbeugte sich kurz zu den Kampfrichtern hinüber und kehrte zu dem Boot zurück, mit dem er sich sogleich in Richtung Shimonoseki entfernte. Schnell genug, um einer Gegenherausforderung auszuweichen. Das Duell auf Ganryûjima, wie die Insel fortan ehrfürchtig genannt wurde, sollte sein letztes gewesen sein.

Bis zu diesem Zeitpunkt hatte Musashi sich aufgeführt wie der junge tumbe Parzival, hatte zugeschlagen, wo es möglich war, und das weniger mit Kunst als aus einer ungebärdigen Wildheit. Was war und wo blieb sein Gral? Der Unterschied: Parzival ist eine Sagengestalt, Miyamoto Musashi war eine historische Person, deren Möglichkeiten und Grenzen bestimmt waren von den Bedingungen eines konkreten Hier und Jetzt. Der Zweikampf auf Leben und Tod hatte, zumindest in der langen »Zeit der streitenden Provinzen«, für Generationen des japanischen Kriegeradels die Funktion eines Selbstbestätigungsrituals gehabt. Mit der gegen Ende des 16. Jahrhunderts wiederrichteten inneren Ordnung des Landes, mit dem unter dem Tokugawa-Shôgunat installierten System des quasi-beamteten Verwaltungs-Samurais ging dem Duell diese Funktion allmählich verloren. So gesehen, war Musashis Einzelgängerrolle vorprogrammiert gewesen. Aber auch wenn er – was denkbar ist – jene letztmögliche Selbstbestätigung angesichts des tot daliegenden Kojirô als schal und eitel durchschaut haben sollte: Seine hiernach erfolgte Abkehr von solch blutigem Verfahren dürfte weder ideelle noch moralische Gründe gehabt haben. Er begriff nur einfach, daß er seine Existenz bis dahin zu einseitig, zu schmal angelegt hatte.

Von Ganryûjima nach Shimonoseki, von Shimonoseki in ein unbekanntes Dunkel: Diesmal mag die Flucht tatsächlich, wie manche vermuten, über shintôistische Schreine, über buddhistische Tempel verlaufen sein, und das konnte auch dann logisch sein, wenn es ihm nicht um Religion, wenigstens nicht allein um sie gegangen wäre. Unter beiden, den Schreinen wie den Tempeln, gab es solche, die die Schwertkunst und andere kriegerische Dinge lehrten. Wirklich scheint es Musashis Problem gewesen zu sein, wie und wo er seine eigene Schule hätte errichten können. Als er einmal in der Schloßstadt Himeji nahe seiner Heimat eine Dôjô-Halle eröffnete, hängte er davor eine Tafel auf: »Hier lehrt Japans erfahrenster Mann in den Kampfkünsten.« Das kam einem der großen Shôgunats-Samurai zu Ohren, der darin prompt eine beleidigende Behauptung sah, und hätte sich nicht der Fürst von Himeji schützend vor Musashi gestellt, wäre dieser wohl kaum einer Verurteilung zum Seppuku entgangen. Überhaupt gelang es Musashi, verstreut über das ganze Land ein Geflecht von Freundschaften mit unterschiedlichsten Leuten zu knüpfen. Dazu gehörten mehr und mehr Künstler, die ihn zu Versuchen in dem einen oder anderen Genre ermutigten; besonders hatte es ihm die

Tuschmalerei angetan. Noch heute halten Kenner die relativ wenigen Blätter, die von seiner Hand erhalten sind, für würdig, zu den schönsten des 17. Jahrhunderts gezählt zu werden.

Womit auch immer, in den auf den Zweikampf von Ganryûjima folgenden Jahren war Miyamoto Musashi darauf bedacht, zu einem inneren Gleichgewicht zu gelangen; er begann den Bumbunidô, den »Doppelweg« aus Bun (wörtl. »Literatur«, »Gelehrsamkeit«, aber auch Kultur im ganz allgemeinen Sinne) und Bu (»Kriegskunst«) anzustreben. Gelegentlich heißt es, Musashi habe an der Winterschlacht (1614) und an der Sommerschlacht (1615) um Ôsaka teilgenommen als einer von den zahlreichen dafür rekrutierten herrenlosen Rônin, doch das ist eher unwahrscheinlich. Seine Neigung hatte stets Hideyoshi gegolten, und es waren dessen Erben und Anhänger, die in Ôsaka endgültig vernichtet wurden; und daß er auf die Seite des übermächtigen Siegers Tokugawa Ieyasu übergewechselt wäre, von einem solchen, einer Karriere gewiß günstigen Schwenk zeichnen sich danach keinerlei Folgen ab.

Dokumentieren läßt sich in Musashis Leben erst wieder das Jahr 1634. Damals tauchte er unvermutet in jenem Kokura auf, in dem über zwanzig Jahre zuvor der Kampf mit dem »unbesiegbaren« Sasaki Kojirô vereinbart worden war. Die Dinge in der Stadt hatten sich völlig verändert. Seit zwei Jahren stellte der Ogasawara-Clan den Fürsten von Kokura; die verdienstvolle Hosokawa-Familie war in das besser dotierte Kumamoto »versetzt« worden, nachdem Fürst Tadaoki, seinerzeit Herr des Sasaki Kojirô, bereits 1619 sich in den Ruhestand hatte »beurlauben« lassen (den er im übrigen als hochgelehrter und der Poesie ergebener Einsiedler noch ein Vierteljahrhundert genießen sollte). Nachgefolgt war ihm Hosokawa Tadatoshi, in dem nicht nur des Vaters kultivierte Art, sondern auch ein gewisser Einfluß der Mutter zum Ausdruck kam. Diese, achtzehnjährig dem ebenfalls noch jugendlichen Fürsten Tadaoki angetraut, hatte sich einer der ersten christlichen Gemeinden angeschlossen. Sie hatte sich taufen lassen und zu Beginn der (wohl aus politischen Gründen in Gang gesetzten) Christenverfolgungen kurz vor 1600 Selbstmord begangen; ihr Totenname lautete Gracia.

Miyamoto Musashi schien über die Veränderung eher beruhigt. Zudem kam er nicht allein. Bei seinen Wanderungen durch den hohen Nordosten war ihm ein armes, abgerissenes Jüngelchen begegnet, das ihm nicht mehr von der Seite wich, ein Abkömmling vermutlich ebenfalls von einer inzwischen ausgelöschten Kriegerfamilie. Musashi hatte den Burschen mit Namen Iori adoptiert; jetzt in Kokura bat er die Ogasawara, ihn unter die Jungsamurai aufzunehmen. Was auch, mit im übrigen großem Erfolg, geschah. Als es 1637/38 auf der Kumamoto benachbarten Halbinsel Shimabara zu einem großen Christenaufstand kam, bekleidete Iori bereits einen Führungsposten in der dort eingesetzten Ogasawara-Truppe, und Musashi, möglicherweise freilich nur unter den beratenden Veteranen, war in seiner Nähe und beobachtete voller Stolz den Adoptivsohn. Dort vor Shimabara muß auch die Freundschaft mit dem jüngeren Hosokawa-Fürsten zustande gekommen sein, die zwei Jahre später dazu führte, daß Miyamoto Musashi nach Kumamoto übersiedelte.

Der Kreis hat sich geschlossen

Damals in dem Dorf Miyamoto war es für den kleinen Bennosuke nicht abzusehen gewesen: Am Ende hatte sich das Leben des Mannes Shimmen Musashi-no-kami, Fujiwara no Genshin voll und schön gerundet. Der ungebärdig um sich hauende japanische Parzival wurde zu einem Weisen des Schwertes, wie es nur wenige gab. Schwer zu entschlüsseln indessen bleibt die geistige Welt des Miyamoto Musashi. In den »Fünf Ringen« gibt es nur einige seltene Stellen, an denen, wie durch einen Zaun erspäht, eine Spur davon sichtbar wird. In den kurz nach der Ankunft in Kumamoto entstandenen »Fünfunddreißig Artikeln über die Kampfkunst« heißt es im letzten, es ist der sechsunddreißigste (!) Artikel, »Banri-ikkû«, d. i. wörtlich: »Zehntausend (prinzipielle) Wahrheiten – eine einzige Leere«. Zu interpretieren als: Die zehntausend durch Übung erreichbaren Wahrheiten sind sämtlich enthalten in der Wahrheit der Leere.

S . Sch.

Über den Autor:

Miyamoto Musashi, Samurai-Meister des 17. Jahrhunderts, legt in diesem Buch die Regeln nieder, die ihn zum erfolgreichsten Schwertkämpfer der japanischen Geschichte machen.

In dieser Reihe sind außerdem erschienen:

Charlotte Joko Beck
Zen
128 Seiten. ISBN 3-426-27016-1

Suzanne Heller
Warum immer ich?
96 Seiten. ISBN 3-426-27028-5

Adam Jackson
Die zehn Geheimnisse des Glücks
184 Seiten. ISBN 3-426-27040-4

Adam Jackson
Die zehn Geheimnisse der Liebe
160 Seiten. ISBN 3-426-27029-3

In dieser Reihe sind außerdem erschienen:

Jack Kornfield
Die Lehren Buddhas
176 Seiten. ISBN 3-426-27016-1

Sunzi
Die Kunst des Krieges
160 Seiten. ISBN 3-426-27081-1

Also sprach Mulla Nasrudin
Geschichten aus der wirklichen Welt
Herausgegeben von Ron Fischer
176 Seiten. ISBN 3-426-27083-8

Dalai Lama
Der Weg zur Freiheit
224 Seiten. ISBN 3-426-27084-6